主体感覚とその賦活化
―― 体験過程療法からの出発と展開 ――

吉良安之 著

九州大学出版会

まえがき

　私たちにとって,「体験」とはきわめて身近な,日常的な心理現象である。気を張りつめた仕事が終わって一息ついたときのほっと力の抜ける感じ,見知らぬ街並を歩きながら目的地を見つけられないときの途方にくれる感じ,心配事を抱えて苦労しているときの固く落ち着かない感じ,それが親しい人と言葉を交わしているうちにしだいにゆるんで楽になる感じなど,体験はいつも私たちとともにある。それは今を生きている主体としての「私」の感覚と不可分のものと言ってもよいだろう。
　しかし,筆者はセラピストとしての経験を積むなかで,悩みを抱えて心理療法の場を訪れるクライエントの方たちの場合には,独特の様式の体験が起こっているのではないかと考えるようになった。そのような方たちの悩みの体験は,「その体験に振り回されている,圧倒されている」と表現できるような,あるいは,「その体験に支配されている」と記述したくなるような性質のものである。その体験が勝手に生じてしまい,容易に制御できなくなっているのである。
　筆者はそのことを考えるなかで,筆者が注目しているのは「体験に伴う自律性の感覚」がしっかりと保たれているかどうかだということに思い至った。そしてその感覚を「主体感覚」と呼ぶことにした。この自律性の感覚が,体験の当事者としての主体の意識の拠り所になっていると考えたからである。自分だけでは悩みに対処しにくくなっているクライエントの方たちの場合,この「主体感覚」が損なわれた体験に陥っていると考えられるのである。
　このような考えにもとづいて,筆者は心理療法の目標となる体験の変化を「主体感覚の賦活化」と捉え,そのためのアプローチの方法を検討してきた。

本書は，この「主体感覚の賦活化」の考えを中心に据えた心理療法の理論と方法を論じたものである。

筆者のこの考えは，E. ジェンドリンの提唱する体験過程療法およびフォーカシングを出発点にしている。体験過程療法の考え方やフォーカシングの体験の仕方を身につけながら，同時にそれを筆者自身の心理療法の経験とつきあわせるなかで，「主体感覚」の考えが筆者のなかに芽生え，ふくらんでいったのである。その意味で，本書において論じることは，体験過程療法を新たに展開させたものであると筆者は考えている。

この本の概略を述べると，まず序論では，研究の沿革と目的，意義や方法を論じるとともに本研究で示す諸概念の概要を述べている。次に第1部「理論」では，筆者が「体験」というものをどのようにとらえているか，「主体感覚」という用語によって何を指し示そうとしているのかを中心に理論的検討を行っている。続く第2部「事例研究」では，各章ごとに1例ずつ特徴的な事例をあげて，心理療法過程でクライエントの主体感覚がどのように賦活されていったか，どのようなアプローチが主体感覚の賦活化を促進したかを示している。そして第3部「考察」では，事例研究の結果を踏まえて，主体感覚の概念を明確にし，主体感覚を賦活する心理療法のプロセスやアプローチの方法を論じるとともに，本心理療法論の特徴をまとめ，他の理論との比較検討を行っている。

この本を書くうえで，筆者は自分が考えていることを言葉にすることの難しさに直面することになった。自分が臨床経験のなかで感じ，考えてきたことを，果たして人に伝わるほどしっかりと言語化できているのか，ということを自問しながら，筆を進めてきた。しかし，自分が考えていることを自分の言葉で，人に伝わるように表現することが，筆者のここ十年来の課題であった。まだ拙いところもあるかもしれないが，現在の自分にできるところまではやってみたという気がしている。今後ご指摘をいただいて，さらに検討を行っていきたいと考えている。

目　次

まえがき …………………………………………………………………… i

序　論 ………………………………………………………………………… 3
　第1節　本研究の沿革と目的 ………………………………………… 3
　　1．筆者の心理療法経験の出発点
　　2．心理療法経験から生じた問題意識
　　3．筆者の事例研究の概要
　　4．本研究の目的
　第2節　本研究において提示する諸概念 …………………………… 7
　　1．「体験」の概念
　　2．体験様式の一変数としての「主体感覚」の概念
　　3．諸概念の図式化
　第3節　本研究の意義 ………………………………………………… 11
　　1．体験過程療法の理論・技法の拡張と新たな展開
　　2．心理療法の目標となる体験の変化の明確化
　第4節　本研究の範囲の限定 ………………………………………… 14
　　1．研究対象の限定
　　2．研究課題の限定
　第5節　本研究の方法 ………………………………………………… 16
　　1．事例研究法
　　2．本研究で用いる事例の選択

第1部 理　論

第1章　本研究の基本的立脚点──体験 …………………… 21
第1節　なまの体験の重視 ………………………………………… 21
第2節　体験に関する従来の研究 ………………………………… 22
　　1．ロジャーズの"experience"
　　2．ジェンドリンの"experiencing"
　　3．成瀬の「体験原理」
第3節　本研究における体験の定義 ……………………………… 29
　　1．筆者の体験の定義
　　2．ジェンドリンとの相違点
　　3．体験の変化

第2章　主体感覚の概念の提示 …………………………… 33
第1節　主体感覚の損なわれた体験──体験に伴う自律性の感覚の欠如感 …… 33
第2節　4事例に見られた主体感覚の損なわれた体験 ……………… 34
　　1．事　例　A
　　2．事　例　B
　　3．事　例　C
　　4．事　例　D
第3節　主体感覚の損なわれた体験に見られる特徴 …………… 40
　　1．体験内容の常同的反復性
　　2．固有の情緒・身体感覚の随伴
第4節　主体感覚の保持された体験 ……………………………… 42
第5節　主体感覚の賦活化に焦点をあてた心理療法の注目点 ………… 43
　　1．心理療法の焦点
　　2．面接の場の体験への注目
　　3．心理療法面接の場でのセラピスト自身の体験の重要性

目次　　v

第2部　事例研究

第3章　体験的応答により主体感覚が賦活された事例の検討 ……… 47

第1節　研究の出発点としての体験的応答 ………………………… 47
　1．対話心理療法における筆者の基本姿勢
　2．体験的応答
　3．本研究における体験的応答の具体的な応答の仕方

第2節　事例Eの心理療法過程 …………………………………… 51

第3節　本事例の検討 ……………………………………………… 56
　1．本事例に見られた主体感覚の損なわれた体験
　2．心理療法過程における主体感覚の賦活化

第4節　主体感覚を賦活するアプローチとしての体験的応答の意義 … 59
　1．事例Eに見られた臨床的事実
　2．体験的応答はいかにして主体感覚を賦活するか

第4章　体験的応答が十分な効果を持たない事例における
　　　　　アプローチの原則 ……………………………………… 65

第1節　事例Fの心理療法過程 …………………………………… 65

第2節　本事例の検討 ……………………………………………… 71
　1．本事例に見られた主体感覚の損なわれた体験
　2．心理療法過程における主体感覚の賦活化

第3節　体験的応答が十分な効果を持たない場合の
　　　　アプローチの諸原則 …………………………………… 76
　1．体験的応答の効果は事例によって異なる
　2．セラピスト自身の体験の主体感覚の希薄化とその賦活化の重要性
　3．常同的に反復する体験に変化を生み出すアプローチの必要性
　4．体験に変化が生じた後の体験的応答の有効性

第5章 体験の情緒面へのアプローチが有効であった事例の検討 … 83

第1節 体験の情緒面への着目 …………………………………… 83
第2節 事例Gの心理療法過程 ………………………………… 85
第3節 本事例の検討 …………………………………………… 90
 1．本事例に見られた主体感覚の損なわれた体験
 2．心理療法過程における主体感覚の賦活化
第4節 本事例から言えること ………………………………… 93
 1．セラピスト自身の体験の主体感覚の希薄化とその賦活化
 2．クライエントの体験の情緒面にアプローチすることの意義
 3．気づきの発生について

第6章 体験の身体感覚面へのアプローチが有効であった 事例の検討 …………………………………………………… 99

第1節 体験の身体感覚面への注目 …………………………… 99
 1．諸研究者による身体性への論及
 2．本章で論じるアプローチとジェンドリンの方法との相違
第2節 事例Hの心理療法過程 ………………………………… 102
第3節 本事例の検討 …………………………………………… 106
 1．本事例に見られた主体感覚の損なわれた体験
 2．心理療法過程における主体感覚の賦活化
第4節 体験の身体感覚面にアプローチすることの意義 …… 109
 1．身体感覚へのアプローチによる主体感覚の賦活化
 2．体験の身体感覚面へのアプローチと情緒面へのアプローチとの比較

第3部 考 察

第7章 主体感覚の概念の明確化 …………………………………… 115

第1節 事例研究にもとづいた主体感覚の賦活化に関する考察 ……… 115

1．問題となる体験に自律的に向き合う感覚の増大

　　　2．問題となる体験に対処できる感覚の増大

　　　3．問題感から分離した自律性を感じられる体験領域の拡大

　　　4．柔らかく伸びやかな感覚の増大

　　　5．常同的反復的な体験内容からの離脱

　　第2節　主体感覚の3つの指標 …………………………………… 122

　　　1．主体感覚の3つの指標

　　　2．日常生活における主体感覚の様相

第8章　主体感覚と心理的距離 …………………………………… 127

　　第1節　クリアリング・ア・スペースに関する考察 ………………… 127

　　　1．主体感覚とクリアリング・ア・スペース

　　　2．フォーカシング研究における議論

　　第2節　主体感覚の概念にもとづく考察 ………………………… 129

　　　1．主体感覚の概念の出発点

　　　2．クリアリング・ア・スペースの考え方との相違点

　　第3節　主体感覚の賦活化と心理的距離 ………………………… 132

　　　1．心理的距離の近すぎる体験・遠すぎる体験

　　　2．主体感覚の損なわれた体験に見られる心理的距離のとり方の特徴

　　　3．心理的距離のとり方から見た主体感覚の損なわれた体験・保持された体験

　　　4．クライエントとセラピストの相互作用による心理的距離調整の
　　　　 自律性の獲得

第9章　主体感覚を賦活する心理療法のプロセス ……………… 141

　　第1節　主体感覚を賦活するプロセスの2種 ……………………… 141

　　　1．体験的応答により主体感覚の賦活化が生じる事例（タイプⅠ）

　　　2．体験の常同的反復傾向へのアプローチにより主体感覚の
　　　　 賦活化が生じる事例（タイプⅡ）

目次

第2節　タイプⅡの事例における心理療法のプロセス ………………… 143
　　1．セラピスト自身の体験の主体感覚の希薄化とその賦活化
　　2．体験を構成する3側面のいずれかに焦点をあてたアプローチ
　　3．体験の常同的反復が軽減した局面での体験的応答の有効性
第3節　2つのタイプの心理療法のプロセスの統合的把握 ……………… 146

第10章　本心理療法論の特徴 ……………………………………………… 149

第1節　本研究において提示した心理療法論の特徴 ……………………… 149
　　1．ポジティヴな変化への着目
　　2．体験の感覚の次元への着目
　　3．セラピスト自身の体験の感覚を手掛かりとした心理療法論
第2節　本心理療法論におけるねらいの二層性と両者の関係 ………… 152
　　1．本心理療法論におけるねらいの二層
　　2．本心理療法論におけるねらいの二層の関係
第3節　体験の受動性・能動性をめぐって ………………………………… 153
第4節　東洋的思考と西洋的思考との対比から見た
　　　　本心理療法論の特徴 ………………………………………………… 156
　　1．非分割の視点と分割の視点
　　2．2つの視点の統合

第11章　他の理論との比較検討 …………………………………………… 159

第1節　ジェンドリンの理論・技法の拡張と新たな展開 ……………… 159
　　1．体験の常同的反復傾向へのアプローチの方法の考案
　　2．体験の変化に関する理論的拡張
　　3．セラピスト自身の「直接のレファランス・概念化」の能力の重視
第2節　成瀬の主動感との比較 ……………………………………………… 162
　　1．成瀬の主動感・自動感・被動感
　　2．主動感と主体感覚の概念との相違

第3節　精神分析における逆転移概念との比較 ………………… *166*
　　　　1．精神分析における逆転移概念
　　　　2．「セラピストの体験の主体感覚の賦活化」の観点から見た逆転移
　　第4節　子どもの知識獲得過程の理論との比較 ………………… *169*
　　　　1．足場づくり
　　　　2．足場づくりと本研究の比較

第12章　今後の課題 ……………………………………………………… *173*
　　　　1．主体感覚の損なわれた体験の持続メカニズムの解明
　　　　2．主体感覚に関する数量化可能な尺度の作成
　　　　3．セラピストフォーカシング法の実践的研究

文　　献 …………………………………………………………………… *177*
あとがき …………………………………………………………………… *183*
索　　引 …………………………………………………………………… *185*

主体感覚とその賦活化

―― 体験過程療法からの出発と展開 ――

序　論

第1節　本研究の沿革と目的

1．筆者の心理療法経験の出発点

　筆者は，セラピストとして心理臨床経験を積んでいく初期の段階で，ジェンドリン (Gendlin, E. T.) の「体験過程療法」(Experiential Psychotherapy) の理論を学び，その理論にもとづいた臨床技法である「体験的応答」(experiential response) を中心的な方法として，対話心理療法を実践するようになった。体験的応答とは，後述（第3章第1節）するように，クライエントがはっきりと明示的な体験だけでなく，もっと複雑で暗々裡の体験も含めて，自分の体験の感覚を感じとり，感じとったものをできるだけ言語化していけるように応答していくことを意味している。
　ジェンドリンの体験過程療法の理論では，体験の変化を「直接のレファランス direct reference」を経て「概念化 conceptualization」（ないしは「象徴化 symbolization」）に至るプロセスの連続と考える。そして体験的応答とは，このプロセスを促進する応答技法であると言うことができる。
　筆者は，この理論と技法を，主として神経症圏のクライエントに適用する方向で，心理療法の経験を積むことになった[1]。

2．心理療法経験から生じた問題意識

　上記のような心理療法の臨床経験を積むなかで，筆者は体験的応答が有効

な事例だけではなく，体験的応答を行ってもなかなか体験に変化の起こりにくい事例も存在することに気づくようになった。しかし，ジェンドリンの体験過程療法の理論や技法では，そのようなクライエントに対する具体的なアプローチの方法はあまり論じられていないため，筆者はそれぞれの事例の特性を考慮しながら，事例に応じたアプローチの方法を試行錯誤的に実践していくことになった。

そして，そのような個々の事例への個別的な取り組みの経験から，筆者は体験的応答では変化の起こりにくい事例をも念頭に置いて，体験の変化を促進するための理論・技法を体系化する必要があると考えるようになった。

3．筆者の事例研究の概要

上記の考えから，筆者は体験の変化とは何なのかということについて，改めて検討していった。ジェンドリンはクライエントの体験の変化について，「直接のレファランス」を経て「概念化」に至るプロセスを中心に論じている。すなわち，「からだのかんじ」として感じられるような体験の前概念的有機体的感覚（彼はそれを「フェルトセンス felt sense」と呼ぶ）を感じ取ること（直接のレファランス）を経て，それをぴったりした言葉にしていくことにより，身体的緊張低下を伴った気づきが生じる（概念化）プロセスが重視されている。体験的応答は，このプロセスを促進する応答であると言うことができる。

しかし，筆者は心理療法の経験を通じて，体験的応答だけではなかなか変化の起こりにくい事例の場合，クライエントは自らの体験に圧倒され振り回されるような状態になっていて，体験に伴う自律性の感覚が損なわれている

1）ジェンドリンの臨床技法として筆者が「体験的応答」をあげていることについて，意外に感じる読者がいるかもしれない。一般に，ジェンドリンの臨床技法としてはフォーカシング技法がよく知られているからである。しかし筆者は，教示主導的なフォーカシング技法よりも，対話による応答を通じて「直接のレファランス・概念化」のプロセスを生み出すことを主眼に実践を行ってきた。そのため筆者は，体験過程を推進する応答について詳細に論じた文献である「体験的応答」(Gendlin, 1968)を重視してきたのである。

ことに気づくようになった。筆者はこのことに注目し，この感覚を「主体感覚」と呼ぶことにした。そしてこのような事例（主体感覚の損なわれた体験が生じている事例）では，クライエントが自律性の感覚を伴った体験を持てるようになること，すなわち「主体感覚の賦活化」に焦点をあてたアプローチが必要と考え，そのアプローチの方法を検討していった。

　第1に筆者が気づいたのは，主体感覚の損なわれた体験が生じているクライエントに対して心理療法面接を行っていると，セラピスト自身の体験の主体感覚も損なわれがちだということであった。そのような場合，セラピストがそのことに気づき，自らの主体感覚を賦活していけることが，アプローチの原点となる。つまり，セラピストが主体感覚の保持された状態でクライエントに関わることが，クライエントの体験の主体感覚を賦活するための基礎となるのである。

　第2に，筆者は，「直接のレファランス・概念化」をねらうアプローチだけでなく，体験の認知的側面，情緒的側面，身体感覚的側面のいずれかに直接変化を起こすことをねらったアプローチを行うようになった。主体感覚の損なわれたクライエントにおいては，特に，特定の情緒や身体感覚がクライエントの体験世界に蔓延し，かつ固定化しており，そのために常同的な体験が反復されがちであることが観察される。したがって，体験の情緒的側面や身体感覚的側面にアプローチし，それらをゆるめることによって，主体感覚の損なわれた常同的な体験の反復傾向に変化を生み出し，主体感覚を賦活することが可能である。

　一方，以上に述べたようなアプローチを検討しながらも，体験的応答は筆者がクライエントに関わるうえでの基本的な応答のスタイルであり続けた。体験的応答を行いながら，クライエントやセラピスト自身に生じる変化を観察し，必要であれば他のアプローチを加えるかたちで，筆者の事例研究は進められた。そしてもちろん，体験的応答のみで大きな変化が生じる事例も存在した。そのような事例を「主体感覚」の観点から再検討すると，そのような事例においても主体感覚が損なわれていることが確認されるし，体験的応答を通じて「直接のレファランス・概念化」のプロセスが促進されることに

よって，クライエントの主体感覚が賦活されると言えることがわかってきた。

つまり，筆者は体験的応答では変化の起こりにくい事例についてさまざまなアプローチを試みてきたわけであり，それを「主体感覚の賦活化」という考え方から進めてきたわけであるが，それは体験的応答を通じて「直接のレファランス・概念化」のプロセスが促進されることによって生じる変化と，必ずしも異なる原理に立つものではないことがわかってきたのである。すなわち，

(a) 体験的応答を通じて「直接のレファランス・概念化」のプロセスが促進されることによって生じるクライエントの変化。

(b) 体験的応答では変化が起こりにくい事例に対して筆者が検討してきた諸アプローチによって生じるクライエントの変化。

この(a)と(b)の両方を包含するものとして，「主体感覚の賦活化」ということを考えていくべきだと考えるに至ったのである。

以上は，筆者の研究の流れ（吉良，1983；1984a；1986；1992；1994a；1994b；1995；1997a；1997c；1998a；1998b；1999a；吉良ら，1992）の概略を述べたものである。本研究では，それを改めてまとめ直し，体系的に論述する。本研究では，「主体感覚の賦活化」を心理療法の目標となる体験の変化と考える。そして，「直接のレファランス・概念化」の理論・技法を包含しながら拡張し，より広い範囲の事例に適用可能なものとして，「主体感覚の賦活化」に焦点をあてた理論・技法を体系化しようとする（図1参照）。

図1　本研究で提示する理論・技法の位置づけ

4．本研究の目的

本研究の目的は，以下の3点にまとめることができる。
① 筆者が心理療法の臨床経験から重視するようになった「主体感覚」の概念を明確にすること。
② 主体感覚の賦活化に焦点をあてたアプローチの方法を検討すること。
③ 主体感覚の賦活化に焦点をあてた心理療法の理論・技法を提示するとともに，それを他の理論・技法と比較することによって，その特徴を明確にすること。

第2節　本研究において提示する諸概念

1．「体験」の概念

　本研究の基本的立脚点は，クライエントが具体的，感覚的に感じている内的な実感，すなわち「体験」にある。後述する第1章で改めて論じるが，本研究では，「体験」を「当事者の活動に伴って当事者に直接感じられうる，認知的側面，情緒的側面，身体感覚的側面を含む主観的心理的事象」と定義する。体験とは，当事者にとっては今の瞬間に全身的に感じられているまさに単一の主観的事象であるが，その一方で，それを外部の観察者から分析的に見れば，認知的な側面，情緒的な側面，身体感覚的な側面から見ていくことが可能なものである。つまり体験とは，当事者における主観的な感じられ方と，外部観察者からの分析的な見方の，両面から把握する必要のあるものと言うことができる。
　セラピストがクライエントの体験を追体験するためには，それを分析したり分割したりすることなしにトータルなものとして受けとめていく必要がある。しかしその一方で，クライエントの体験に変化を生み出すためのアプローチを考えていくためには，体験を構成するこの3側面に分けてとらえる見方が有効である。本研究の第2部の事例研究においては，クライエントの

体験に変化を生み出すことをねらったいくつかのアプローチの方法を提示するが，それは，体験を構成するこの3つの側面のいずれかに焦点をあてていくものである。すなわち本研究では，体験を3つの側面に分けてとらえる見方が，クライエントの体験へのアプローチを吟味するための重要な視点となる。

2．体験様式の一変数としての「主体感覚」の概念

(1) 体験様式

次に，心理療法においてクライエントの体験にどのような方向への変化を生み出すことを目指すのか，ということについて考えるうえでは，「体験様式」の考え方が重要になる。体験様式とは，「何を体験しているか」という体験の内容ではなく，「いかに，どのように体験しているか」という体験の仕方のことを指している。クライエントの体験に注目する研究者たちは，より精確には，クライエントの体験様式に注目してきた。

ジェンドリン (Gendlin, 1964) は，体験に直接注意を向けることによって，そこに含まれたさまざまなニュアンスを具体的に感じとること（直接のレファランス）が可能であり，それに導かれて概念化が行われると考えた。そして彼は，体験がそのようなプロセスとして動いていくか，それとも構造として固定してしまって動かなくなっているかを「体験過程様式」(manner of experiencing) という述語で論じ，それを人格変化が起こるかどうかの重要なポイントと考えた。その一方で彼は，体験の内容は「過程の局面である」と述べている。つまり，体験内容は体験がプロセスとして動いていくことの反映として次々に現れるものであり，体験様式に依拠していると考える。このように彼は，心理療法の進行にとって，クライエントに生じている体験の内容よりも，体験の様式の方が本質的なものと考えているのである。

また成瀬悟策 (1988) は，心理療法における治療原理として，従来から言われてきた洞察原理，行動原理と対比させて体験原理を強調しているが，特に，どのような体験がなされているかという体験の客体（内容）よりも，どのように体験がなされているかという体験の主体（様式ないし仕方）に注目

している。同じ内容であっても，体験の仕方が変われば体験の様相はまるで異なるものとなりうるという観点である。

筆者の論点も，基本的にこの立場に立っている。つまり筆者は，クライエントの語る体験の内容の意味を問い，それを明らかにすることよりも，クライエントの体験の仕方に目を向け，それがどのように変化していくのかを吟味することの方が重要であると考える。そして，心理療法の目標となるクライエントの体験様式の変化を，「主体感覚の賦活化」と考えるのである。筆者は本研究で，「主体感覚」の概念を体験様式の一変数として提示していく。

(2) 主体感覚

筆者は，体験の様式を重視する点においてはジェンドリンの考え方を引き継いでいると言うことができる。しかしジェンドリンは，体験の実感がそれと適合する言葉にされる過程（概念化）を重視しており，言葉による概念化の作用を軸にして体験様式の変化をとらえている。これに対して筆者は，言葉による概念化が生じるか否かは体験の変化にとって本質的なことではなく，それよりも，クライエントが自律性の感覚を伴った体験を持てるようになるかどうかが重要であると考える。この点に，ジェンドリンの考えとの大きな違いが存在する。そして，この「体験に伴う自律性の感覚」のことを「主体感覚」と呼び，「主体感覚の損なわれた体験」と「主体感覚の保持された体験」とを，体験様式の相違として取り出そうとするのである。

さまざまな悩みを抱えた神経症圏のクライエントの人たちに共通する心理的な困難さは，彼らが自らの体験に振り回されたり圧倒されたりしていて，自らの体験であるにもかかわらず，それに対して対処不能感，無力感を感じている点にあると言うことができる。一方，心理療法を通じて彼らの心理的困難さが軽減していくさいには，彼らは自らの体験に自律的に向き合い，それに対処できる感覚を持てるようになることが観察される。筆者はこの「体験に伴う自律性の感覚」に着目し，これを体験様式の一変数として抽出したのである。

さて，筆者はこの「体験に伴う自律性の感覚」を「主体感覚」と呼んでい

る。それは，この自律性の感覚は，自らが自らの体験の主(あるじ)であるという主体の感覚につながっていると考えるからである。上に述べた，問題となる体験に自律的に向き合う感覚，それに対処できる感覚は，その体験に「自律的に向き合えている主体の感覚」，それに「対処できている主体の感覚」を賦活するものであると考えられる。つまり，そのようにして，問題となる体験から区分できる体験領域としての主体の感覚が賦活されるのである。ここに，筆者がそれを「主体感覚」と呼ぶ理由がある。

なお，本研究は「主体感覚」という概念を中心に論じられるが，筆者は何らかの心理的機能体としての「主体」というものを想定しているわけではない。前述したように，本研究は「体験」という具体的，感覚的に感じられる内的な実感を基本的な立脚点としているので，当事者の実感から離れたところでの心理的機能体としての「主体」というものを想定するような理論化は行わない。しかしその一方で，体験の当事者としての主体意識の拠り所となるような具体的な感覚はたしかに存在すると考えられる。筆者はそのような感覚に注目しているのである。本研究で論じる「主体感覚」とは，そのようなものを指している。

3．諸概念の図式化

この節で述べてきたことを視覚的に示すことを意図して，図2を作成した。図2では，「体験」を椀状の立体として表現している。その背面となる円形は，体験が当事者にとってはそれ以上分割できない，全身的に感じられる単一の主観的事象であることを示している。また三分割された球面は，体験を分析的に見ると，認知面，情緒面，身体感覚面の3つの側面から構成されていることを示している。本研究では「体験」を，当事者による主観的な感じられ方と外部観察者から見た分析的見方の，2つの捉え方にもとづいて両面から定義している。それを表現するために，このような椀状立体による図示を行ったのである。

一方，左右の2つの椀状立体の色の違いは体験様式の相違を示している。左のものは「主体感覚の損なわれた体験」であり，右のものは「主体感覚の

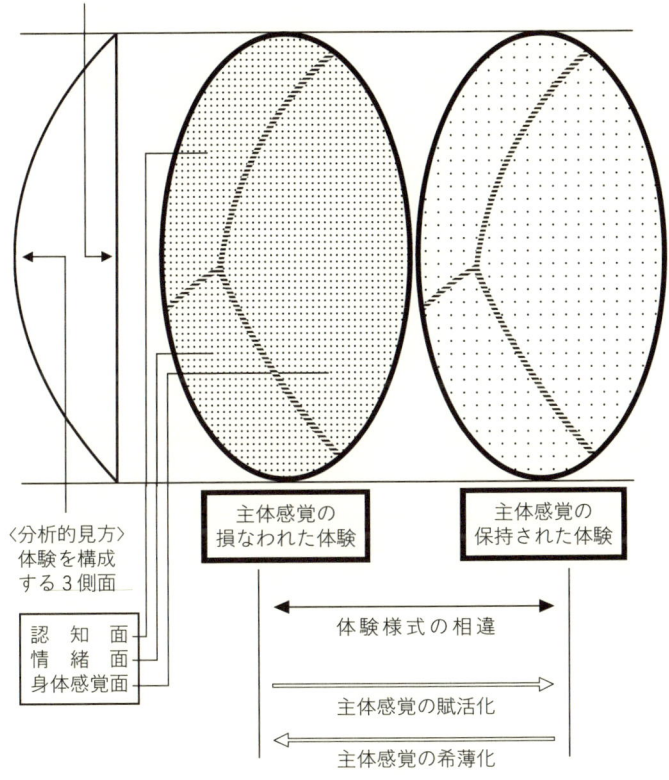

図2　本研究における「体験」のとらえ方

保持された体験」である。そしてこの図上で、体験様式が左から右へと変化していくことを「主体感覚の賦活化」、右から左へと変化していくことを「主体感覚の希薄化」と呼ぶことにする。本研究では、この「主体感覚の賦活化」を心理療法の目標と考えるのである。

第3節　本研究の意義

本研究の意義として、以下の2点をあげることができる。

1. 体験過程療法の理論・技法の拡張と新たな展開

ジェンドリンの体験過程療法では，理論的には体験の変化を「直接のレファランス・概念化」のプロセスととらえ，それを促進する技法として「体験的応答」が示されている。しかし筆者は，この理論・技法だけでは体験に変化を起こすことが難しい事例が存在することを経験してきた。そして本研究では，体験を構成する3つの側面に着目することによって，そのような事例においてクライエントの体験に変化を生み出す新たな臨床技法を提示する。また，そのような事例の臨床経験を踏まえて，体験の変化についての理論的拡張を行う。

本研究は，従来の体験過程療法の理論・技法を否定するものではなく，それを基盤にして包含しつつ，より拡張し，新たに展開していくものである。本研究により，従来の体験過程療法においては扱うことが困難であったと考えられる事例についても，理論的，技法的に取り扱っていくことが可能になると考えられる。

2. 心理療法の目標となる体験の変化の明確化

本研究においては，心理療法の目標となるクライエントの体験の変化（より精確には，体験様式の変化）を，「主体感覚の賦活化」と呼んで明確にしていく。

本研究で「主体感覚の賦活化」と呼ぶのは，クライエントが自分の体験を，自らコントロールできる自律的なものと感じられるようになっていくことを意味している。このように，クライエントの自律性が拡大していくことを心理療法の目標と考える考え方自体は，特に目新しいものではないかもしれない。従来の心理療法論においても，明示的あるいは暗々裡に，それが目指されてきたと言いうる面がある。

しかし従来，「自律性の獲得・拡大」は心理療法の目標として誰もが納得，あるいは少なくとも否定はしないものとして，必ずしも厳密な理論化を行うことなしに，一般的な言いまわしで論じられてきたと言えるのではないだろ

うか。例えば,杉田（1989）は「TA（交流分析）を含むアメリカの心理療法は自律,独立をそのゴールとし」ていると述べている。また畠瀬（1990）は,来談者中心療法について「クライエント中心の立場は,人間の可能性,自律性,行動の方向づけを自らが選択する権利をもち,治療関係の中での究極の責任をクライエント自らが負うことを一貫して強調する」と表現している（いずれも傍点筆者）。しかしこれらの論述の「自律」「自律性」が何を指すのか,必ずしも明確な理論化がなされているわけではなく,あるべき理想の姿の表現として「自律」という用語が用いられているように思われる[2]。

　これに対して,本研究ではこのような一般的な言いまわしではなく,概念的に明確な定義を行うことにより,研究者が相互に検討できるものとして,「体験に伴う自律性の感覚」の拡大を論じていく。体験に伴う自律性の感覚の拡大（主体感覚の賦活化）を,心理療法の目指す目標と考えて明確にしていこうとするのである。

　従来,心理療法の目標は,ともすれば具体性を欠いた抽象度の高い「理念」として論じられがちであった。心理療法の目標が症状の除去にとどまらず,症状の背後にある人格の変容に目を向けることになると,理想とする人間像が問われ,「自己実現」,「十分に機能している人間」（ロジャーズ）などが論じられることになるが,東山紘久（1992）が述べているように,「よほどその過程を具体的に見つめておかなければ,自己実現を安易に心理療法の目的にすることには,怖さや空虚さが付きまとう」ことになる。心理療法の目標を理念として論じることには,形骸化のおそれが常につきまとっている。

　しかしその一方で,心理療法という心理的援助の行為が,理念や題目とし

---

2) 明確に定義された概念として,心理療法の目標としての「自律性の獲得・拡大」が論じられているものとしては,精神分析の「自我の自律性」（ego autonomy）の概念をあげることができる。前田重治（1976）は,「治る」ということは「自我がより成熟し,欲求衝動,上位自我（超自我）,外界に対する統制力がつよくなった状態である。これは自我の自律性がある程度得られた状態と呼ばれる」と述べている。しかし,そこで扱われているのは,自我の機能としての自律性である。これに対して本研究が着目しているのは,クライエント自身に具体的に感じられる,体験の感覚における自律性（すなわち,自律性の感覚）であると言うことができる。

てではなく，具体的な次元で実際に行われているとすれば，それは当然，クライエントにとって手応えをもって実感できるものであるはずであろう。クライエントは毎回のセッションごとに，あるいはもっと極端に言えばセラピストとのやりとりの瞬間ごとに，心理療法が自分にとって役立っているか否かを実感しうると考えられる。

そこで本研究では，「体験」という具体的に感じとれるものに立脚して，心理療法の目標となる変化を明確にしていく。つまり「理念」や「理想」として，はるか遠いところに設定されるような目標ではなく，心理療法面接の場で，刻々とその変化や達成を確認していけるような，しかも自らの体験を通じて具体的な実感として感じていけるような次元で，心理療法の目標を考えていく。それは，セラピストが心理療法を進めていくうえでの方向性を指し示す，羅針盤のような役割を果たすものである。それを明確にしていくところに，本研究の大きな意義があると考えられる。

第4節　本研究の範囲の限定

1．研究対象の限定

本研究の対象は，神経症圏の事例に限定して行われる。精神病圏や正常圏の事例は，研究対象から除外されている。

先に述べたように，筆者が「主体感覚」と呼ぶ「体験に伴う自律性の感覚」は，体験の当事者としての自律性を持った「私」という感覚の拠り所となるものであると考えられる。それが損なわれ，保てない状態においては，クライエントは自らの内的体験であるにもかかわらず，それを自らのコントロールのもとで自律的に経験しているという感覚を持てなくなっている。これは特有の心理的困難感をクライエントにもたらすものである。

しかしここで論じている自律性の感覚の問題は，神経症圏での問題に限定されるものである。精神分裂病など精神病圏の事例に見られる自我意識障害とは全く次元が異なる。精神医学の領域で自我意識障害の標識とされている

序　論

(大熊, 1980) ような, 能動性の意識 (これが障害された状態としては, 離人症, させられ体験など), 単一性の意識 (これが障害された状態としては, 自己が分裂して2つあるという体験など), 同一性の意識 (これが障害された状態としては, 現在の自分は過去の自分ではなく他人だという体験など), 外界と他人とに対立するものとしての自我の意識 (これが障害された状態としては, 外界の事象と自己を同一視したり, 自己と他人の区別が不明瞭になったりなど) は十分に保たれており, そのような障害は全く見られない事例であることを前提として, 本研究は進められる。

一方, 正常圏のごく普通に暮らしている人々の日常生活においても, 例えば悩みごとや心配ごとがある場合には, 一時的には特定の苦痛な体験に振り回されたり圧倒されたりする状態が起こりうると考えられる。しかし本研究ではそのような一過性の問題ではなく, 神経症圏の事例においてある程度の期間, 体験の自律性が損なわれた状態が続く場合について検討していくことになる。

2．研究課題の限定

本研究では, 主体感覚が損なわれた体験, 保持された体験を明らかにするとともに, いかにしてクライエントの体験の主体感覚を賦活するかというアプローチの方法についても検討する。

しかし本研究では, なぜそのクライエントに主体感覚の損なわれた体験が持続しているのか, そこにはどのような内的外的要因が関係しているのか, などの点については取り扱わない。それを検討していくためには, 本研究とは異なる問題設定が必要になると考えられる。本研究の中心的なねらいは, セラピストとしてクライエントにいかにアプローチするかを吟味することにある。そしてそのための着目点として, クライエントに生じている体験の性質に注目し, それを明確にしようとしている。本研究では, 研究課題をそこに絞り込むことにする。このため, 上記の点については, 研究課題に含めない。

第5節 本研究の方法

1. 事例研究法

　本研究は，心理臨床学独自の研究方法である事例研究法によって進められる。事例研究法については，河合（1975；1976），河合・佐治・成瀬（1977），小此木・河合・中村（1986），藤原（1992）などによって論じられている。
　河合隼雄（1975）は，調査的面接法と対比させながら事例研究法（彼はそこでは「臨床的面接法」と呼んでいるが）について論じ，それは「個々の事例に対して，あくまで治癒という目標に向かって努力をつづけながら，そこから得られた知見を体系化することによって学問を成立せしめてゆこうとする」ものであると述べている。すなわち，事例研究法とは，心理的援助を目的とした面接を通じて得られた知見をもとにした研究方法であることを銘記する必要があると考えられる。
　藤原勝紀（1992）はやはり，心理学モデルにおける調査面接法と対比する形で心理臨床学モデルにおける事例研究法について述べ，調査面接法がある特定の側面について他の事例との比較によって標準化するための一手法であり，事例の個別性とは一般的・平均的人間像からの偏奇性にあるのに対して，事例研究法においては，「事例」とは本質的に個別性をもつ，単純には他と比較し得ない独自な存在としての生活者その人であると述べている。つまり心理臨床学における事例研究とは，独自性，全体性をもった個別の事例を扱った研究であり，その個別性に大きな価値を置く研究方法であると言えるであろう。
　また，事例研究法における「事例」とは，クライエント個人だけでなく，セラピストとクライエントとの人間関係も含んだ全体であると考えられる。心理学モデルの調査面接法が面接者の関与要因をできるだけ除外ないし無視することによって客体として人間の心を探求しようとするのに対して，心理臨床学モデルの事例研究法では，人間関係による相互関与のあり方に積極的

に注目し，それを記述していこうとする。そして，相互主観性に基づいた「主観的客観性」に，科学としての論拠を置こうとする（藤原，1992）。この点については小此木（小此木・河合・中村，1986）も触れているし，また河合（小此木・河合・中村，1986）は後述する普遍性の問題と関連させて，事例研究法は，自分を対象からはっきり分離させることによって成り立つ「いわゆる自然科学的なアプローチ」ではなく，「対象と自分との隔壁を非常に薄くすることによって出てきた現象を扱う」研究方法であることを述べている。

　以上のように，この研究方法は個別性と関係性を重視し，そこに大きな価値を置くものであるので，そこで得られた知見はいかにして一般性を有することになるのかという点にはさまざまな考え方がありうる。小此木・河合・中村（1986）のシンポジウムでは，精神医学の立場からの「類型性」と心理臨床学の立場からの「普遍性」とが検討されている。また河合・佐治・成瀬（1977）の鼎談では，一般性の獲得の問題について，「一般化」と「普遍化」という用語を軸にして論議が行われている。

　「一般化」とは具体的な臨床記録のうちから共通性を持ちうる部分を取り出して法則化していく方向性であり，「普遍化」とは個別的な記述であっても，そこに浮かび上がってくる全体のパターンは一般性を有するのではないかと考える方向性である。河合（1976）はこの「普遍化」の立場に立ち，事例研究法において「一個人の全体性を損うことなく，その個人の世界を探求した結果は，臨床家が他の個人に接するときに共通のパターン，あるいは型を与えるものとしての普遍性をもつのである」と述べている。知見の一般性の根拠をどこに求めるかについては，このように，心理学モデルに近い立場をとる一般化の方向と，それとは異なる地点に論拠を得ようとする普遍化の方向との間で論議が存在する。

　筆者自身の立場としては，心理臨床の実感として，普遍化の方向に強い親近感を抱くし，また高い価値を置きたいと考えるが，しかし一足飛びにそれを強調するのではなく，できる限り一般化によって臨床的事実を押さえていくような努力が必要ではないかと考える。すなわち，それぞれの事例において確認された臨床的事実のなかから共通する点を取り出し，法則性を見いだ

すことにより，複数の事例にあてはめうるような理論を築いていく方向である。筆者は本研究を進めるうえで，このような意味での「一般化」の立場に立つことを念頭に置きたいと考える。

2．本研究で用いる事例の選択

本研究は，筆者がセラピストとして担当した臨床事例の中から選び出した8事例の面接記録を用いて行われる。この8例はいずれも，筆者が臨床経験のなかから「主体感覚」の概念とその賦活化についての考えを明確にしていくうえで，多くの示唆を得ることのできた典型的な事例である。

しかし，本研究で用いる8つの事例において，筆者はここで述べているような見方を前もって念頭に置いて面接に臨んだわけではない。心理療法の実践においては，セラピストはできるだけ，固定したひとつの見方でクライエントを見てしまわないように努力する。そうなってしまっては，目の前の事例の重要な側面を見逃してしまうおそれがあるからである。セラピストは実践の中では，むしろクライエントの個別性に深く関与し，その事例に固有の現象から，その事例についての独自の見方やアプローチの方法を見つけようとしている。本研究で用いる8つの事例においても，筆者は事例の個別性に応じてアプローチの方法を模索していった結果として，ここに述べるような臨床的事実を獲得したのである。本研究は，そのような臨床的事実を後でつなぎ合わせ，統合することによって，一般化を行っていこうとするものである。

なお，この8事例のうち，事例Eは吉良（1999a），事例Fは吉良（1997a），事例Gは吉良（1994a），事例Hは吉良（1998a）で，すでに取り上げて論じたことのあるものである。本研究では，それらを改めてまとめ直して記載することにする。

第1部 理　　論

第1章

本研究の基本的立脚点 —— 体験

第1節　なまの体験の重視

　心理療法においてクライエントの訴えを聴いていると，彼らは自分の抱えている心理的な困難さを，ごく具体的，感覚的に，切迫して感じていることが伝わってくる。それはクライエントにとっては，直接的，感覚的に感じられている，自分に苦痛をもたらす「何ものか」であろう。そしてこの「何ものか」は，増井武士（1989）が「原苦慮」と呼んで述べているように，それ自体は言葉で言い表すことは大変難しいものであると考えられる。たとえて言えば，生傷に触れられた時のような，「どこがどのように痛い」と細分化して語ることは大変難しく，「とにかく痛い」としか表現できないようなものではないだろうか。クライエントの語る主訴は，この「何ものか」そのものではなく，クライエントがそれについて内的な違和感として自覚できたものを，セラピストに何とか伝えようとする試みであると考えるべきであろう（吉良，1992）。クライエントは決して抽象的に悩んでいるのではなく，ごく具体的に苦しんでいる。悩みの内容は抽象的なものであったとしても，その悩みの感覚は全く具体的なものである。
　そしてこのような心理的困難さが心理療法を通じて変化する場合には，クライエントはその変化についても自分の内的な実感として明確に感じていることがうかがわれる。心理療法が自分の役に立っているかどうかも，非常に単純明快に，感覚的に感じられていると考えられる。このように，心理療法という心理的援助の行為が実際に行われているとすれば，それは当然，クラ

イエントにとって手応えをもって実感できるものであるはずであろう。

そうであるとすれば，セラピストの側も，クライエントの感じている困難さをそのような次元で理解・把握し，そのような次元でクライエントにアプローチしていく必要があると考えられる。本研究では，クライエントが感じている，このような具体的，感覚的な次元のものを「体験」と呼ぶことにする。そしてこのようななまの「体験」にできるだけ密着した形で，彼らの感じている心理的困難さの体験的な性質を明らかにし，それに対するアプローチの方策を探っていこうとする。

第2節 体験に関する従来の研究

ここでは，心理療法関連領域において体験についてこれまでになされてきた研究をまとめることにする。ロジャーズ（C. Rogers），ジェンドリン（E. Gendlin），成瀬悟策の3者の考え方を見ていく必要があると思われる。

1．ロジャーズの"experience"

ロジャーズの文章の中には，"experience"という言葉が頻出する（これは「経験」と訳されることが多い）。事例の記述のなかで彼が「経験」という用語を用いている例をあげると，以下のようなものが見られる。「意識に存在している彼女の自己像は，"非常に立派な"人間という像であり，この像は，その場面における実際の有機的な経験（organic experience）とはまったく一致していないのである」（Rogers, 1947）。「有意義な知覚は，直接的な感覚的経験（sensory experience）に属する」，「カム嬢のこの経験は，おそらく純粋な内部的適応の経験であり，その経験において自己は，経験を受容しており，経験と対立するよりはむしろ基本的経験とともに動いており，"統制"を放棄することによって統制を獲得している。理論的ないい方をすれば，自己や関係における自己についての体制化された概念は，有機体の感覚的・内臓的経験（sensory and visceral experience）と一致している」（Rogers, 1951）。以上のように，"experience"（経験）という用語は，"organic experience", "sensory and visceral experience" というような使い回しで用いられている。このような表現から見ると, 彼は面接の場で交わされるクライエントの言葉の背後に具体的感覚的に感じられるものを「経験」と呼んだのではないかと考えられる。これは筆者の考える「体験」に非常に近いものである。

しかしロジャーズは, 彼の現象的場の理論および自己の理論にもとづいて, このような「経験」のうち, 自己概念と矛盾するものは自分自身のものとして認められないか, 歪曲して知覚されることになると考え, 重要な意味を潜在的にもつ有機的経験が自己の構造に適切に取り入れられない時には心理的不適応が生じる, というように理論化を行っていった。そして治療理論としては, セラピストがクライエント個人の内的準拠枠 (internal frame of reference) を共感的に理解していくことが重要であり, そのことによって, それまで否認あるいは歪曲されていたクライエントの経験が自己の構造の中に次第に取り入れられていくと考えた (末武, 1992)。つまり理論的には, 経験は心理療法において直接取り扱われる対象ではなく, 自己概念が変化するにつれて生じる現象を理解するための説明概念としての性質が強いものとなっていったと考えられる。そして, 経験は「有機体のなかで起こっているもので, いつでも意識される可能性のある潜在的なものすべて」(Rogers, 1959) と, 論理としては明確かもしれないが, 実感からは遊離した実体性に乏しい概念として定義されるようになったのである。

以上のように, ロジャーズの言う「経験」(experience) とは, もともとは心理療法の場で交わされる言葉の背後に具体的感覚的に感じられるものを指していたと思われるが, 理論化にさいしては, 心理療法で直接取り扱う対象というよりも理論上の構成概念として扱われた面が大きいと考えられる。

2. ジェンドリンの "experiencing"

ジェンドリンは, このようなロジャーズの言う "experience" の構成概念としての性格とは異なる, より実体性のある, そしてプロセスとしてとらえうるような概念として, "experiencing" (村瀬によって「体験過程」と訳され

ている)という考え方を展開している。"experiencing"とは,「他者や状況との絶え間のない相互作用のもとで,人間の中に常に刻々と感じられている,主観的具体的な体験の流れ」[これは末武康弘(1992)の文章を筆者なりにまとめたもの]のことである。ジェンドリン(Gendlin, 1961)によれば,それは,①感情の一つの過程であり,②現在この瞬間において生起し,③一つの直接的なレファラントであり,④それに導かれて概念化が行われるものであり,⑤豊かな意味を暗に含んでおり,⑥一つの前概念的,有機体的な過程である。

そしてジェンドリン(Gendlin, 1964)は,それに直接注意を向けることによって,そこに含まれたさまざまなニュアンスを具体的に身体の感覚("felt meaning"あるいは"felt sense")として感じ取ることが可能であり,それが言語象徴と相互作用を起こすことによって概念化されると考え,そのプロセスをフォーカシング(Focusing)と呼んでいる。その後,フォーカシングは一連のステップから成る技法として確立していった(Gendlin, 1981)。

彼の考え方の特徴として,以下の3点をあげることができる。

第1は,体験には,その意味が明示的(explicit)なものだけでなく,暗々裡ないし暗在的(implicit)なものもあることに注目し,特にその後者を重視することである。後者の体験とは,それをぴったりした言葉で言い表すことは容易ではないが,しかし言葉以前の前概念的な感覚としてはっきりと具体的に感じられているようなものである。そのような体験は,さまざまな意味を暗々裡に含んでいる。

第2は,体験の身体感覚的側面(彼はそれを「フェルトセンス」と呼ぶ)を強調することである。体験は「からだのかんじ」としてとらえられるような身体感覚的な側面を有しており,それに直接注意を向けること(直接のレファランス)が可能である。

第3は,身体感覚を通じてとらえうる実感が,それと適合する言葉にされる過程を重視することである。つまり,ぴったりした言葉になることが体験の変化につながるという考え方である。彼はそのことを,「暗々裡の意味(implicit meaning)が概念化(conceptualize)されることによってレファラントの移動が起こる」というように記述する。この過程が「体験過程の推

進」(carrying forward of experiencing) である（吉良，1983；1984 a）。この第3の特徴は，言葉による概念化の作用と切り離せないものとして体験の変化を考える点において，ジェンドリンの理論の大きな特徴である。

池見　陽（1984）は，このようなジェンドリンの考え方を，図3のように表現している。この図に示されているように，ジェンドリンは体験を固定したものではなく，「変化していく過程」という観点から捉えようとしていると言うことができるであろう。

```
          表　出
          (explication)

暗々裡の意味        概念または象徴        暗々裡の意味
(implicit    ) →  (conceptualization) → (implicit    ) → ………
 meaning            or symbols            meaning

          推　進
          (carrying
           forward)
```

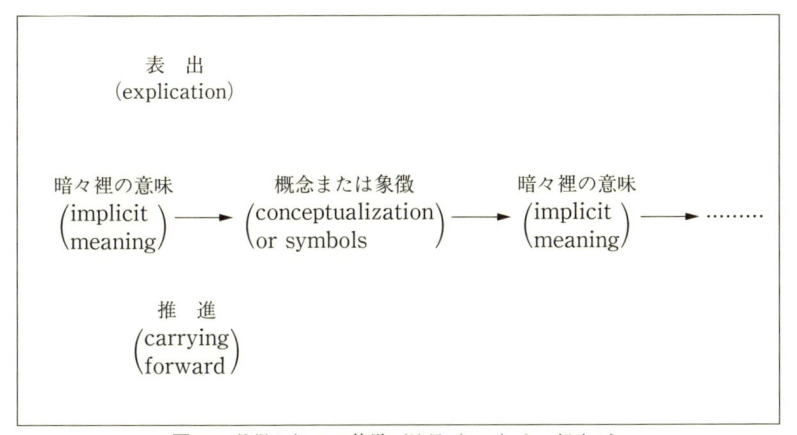

図3　過程としての体験〔池見（1984）を一部改め〕

また，筆者はこのようなジェンドリンの体験の変化についての捉え方を，「直接のレファランス・概念化」という用語を中心にして整理することができると考える。それを図に表すと，図4のようになる。この図に示したように，ジェンドリンの考える体験の変化の過程とは，暗々裡に感じられている意味（implicit meaning）に直接注意を向け（すなわち「直接のレファランス」），それに適合する言葉を見つけていくことによって，暗々裡に感じられていたものが明示的な意味（explicit meaning）になっていくこと（すなわち「概念化」）の連続であると考えられる。後述する成瀬（1988）の用語を用いれば，これは体験原理と洞察原理との中間に位置する考え方であると言うこともできるであろう。

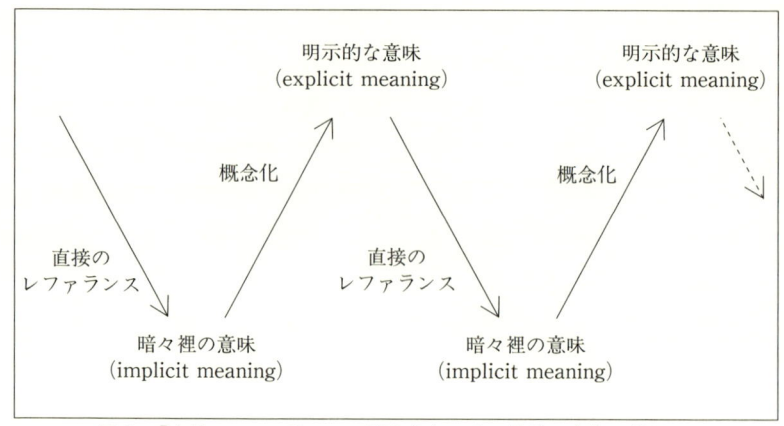

図4 「直接のレファランス・概念化」による体験の変化の過程

　さらに，ジェンドリンの体験過程の理論にもとづいて，心理療法面接の録音記録からクライエントの体験過程様式を評定する尺度である「体験過程スケール」（EXP スケール）が開発されている（Klein et al, 1970）。それは，表1に示した7段階の尺度である。この尺度により，心理面接の録音記録を用いて，クライエントによる体験過程レベルの違いや，心理面接のセッションの進行に伴う体験過程レベルの変化に関するさまざまな実証的研究が積み重ねられてきている（池見ら，1986；吉良ら，1992；Klein et al, 1985）。

表1 体験過程スケールの各段階の特徴

段階	特徴
1	話の内容が非人称的で話者と心理的関連なし あるいは個人的な内容だが話者の関与が非人称的
2	話者と心理的に関連のある話題だが話者の感情は表明されない
3	外的出来事についての話者の個人的感情などが言及される
4	外的出来事よりもそれについての個人的体験や感情が話の主題
5	話者が自分の体験や感情について探索的にかかわる
6	自己探索的試みの結果新たな気づきが生じる
7	気づきが拡大し包括的な統合が生じる

〔吉良ら（1992）より〕

さて、ジェンドリンの考えを整理するうえで、もう1点、これらとは異なる原理が存在することについて述べる必要がある。それはフォーカシング技法（Gendlin, 1981）の最初のステップとして知られている「クリアリング・ア・スペース（clearing a space）」（わが国では「空間を作る」「間を置く」などの訳がなされている）の考えである。これはフォーカシング技法が開発される過程で、それまでの彼の理論にはなかったが臨床的な必要性から付け加えられたものである。すなわちこれは、上述した彼の理論体系とは必ずしも連動していない、独立した原理と考えられるものである。それは具体的には、座位姿勢で閉眼し、自分の生活を振り返って気になることをひとつひとつ確認し、それらの事柄から心理的に距離を置く作業と考えられている。ジェンドリンはこれを、「空間の整理」あるいは「重荷をおろす」作業であり、問題からの手頃な距離を見いだし、内面に心地よい感じをもたらすものであると述べている。その後、クリアリング・ア・スペースは独立した技法として心理療法に適用されるようになり、クライエントに大きな変化をもたらす方法と考えられるようになっていった（Gendlin, 1984）。

筆者はジェンドリンの理論を自分の心理療法の実践に生かすうえで、「直接のレファランス・概念化」を軸にして体験の変化を考える立場から、次第にクリアリング・ア・スペースを重視する立場へと重心を移していった。そしてそこから、筆者独自の考えを展開していくことになった。その意味で、本研究はクリアリング・ア・スペースの技法からの示唆を得て、独自に発展してきたものと言うことができる。この点については、第8章において論じることにする。

3．成瀬の「体験原理」

成瀬悟策（1988；1992；1995b）はロジャーズやジェンドリンとは異なる立場から、体験について独自の考えを展開している。彼は、催眠・行動療法・動作法などの研究にもとづいて、クライエントの行動変容の成否の決め手はクライエントの内的活動、つまり体験の仕方とその過程にあると考えた。そして心理療法における治療原理について、従来から言われている「洞察原

理」(言葉を主な媒体とする知的理解を中心とした治療原理),「行動原理」(外部に表れた行動そのものだけを基準にした治療原理) よりも,「体験原理」(自己自身のただ今現在の活動についての内的な実感の変化) が,治療上,より基本的で重要であると考える。

　彼は,どのような体験がなされているかという体験の客体(内容)よりも,どのように体験がなされているかという体験の主体(様式ないし仕方)に注目している。例えば,同じ内容の体験であっても,それを傍観者的に感じたり,自分自身の体験という実感に欠けるような体験の仕方をしているのと,じっくりと嚙みしめるように感じたり,しみじみと身に沁みるように感じたりするのとでは,全く異なっている。そうした「自己に関わる体験を変化させて,より豊かにより生き生きとした体験,より自発的で充実した生甲斐あるものとして体験できるようになっていくこと」が体験原理にもとづく心理治療の目標になるのである。この「体験の仕方」の考え方は,成瀬だけでなく,田嶌 (1990),鶴 (1991),松木 (1991) らにも共通して見られるものである。筆者がこれから述べる主体感覚の考えは,成瀬が「体験の仕方」と表現している考え方から大きな影響を受けている。

　成瀬はジェンドリンとは違って,体験が変化するために,必ずしも言葉による概念化を不可欠とは考えていない。それとは独立した治療原理として「体験原理」を考えるわけである。彼のそのような理論展開は,彼が開発してきた独自の臨床技法である「動作法」の実践を基盤にしている。動作法とは,実現すべき身体運動のある特定のパターンを課題として,その実現を努力させながら,クライエントの活動を援助する働きかけである。そこでは,主体者(自己)が自分のからだ(自体)といかに向き合うかがセラピーの焦点となるのであり,セラピストとクライエントとの間の言語的交流はセラピーにとって副次的なものとされる。課題動作を実現しようという努力による動作の体験過程をとおして,日常生活における体験の仕方を変え,自己の活動を安定化・活性化・能動化させることが,動作法を心理臨床に用いる目的なのである (成瀬,1992)。

第 3 節　本研究における体験の定義

　前節で，ロジャーズ，ジェンドリン，成瀬悟策の 3 者が体験についてどのように考えたかを見てきた。上述したように，この 3 者の体験についての考え方は，それぞれ異なっている。そして心理療法（セラピー）の実践形態も，各人が独自の展開を行っている。次に本節では，以上の 3 者の考え方と対比させながら，筆者が本研究を進めるうえで，体験をどのように考えるか，それを心理療法においてどのように扱っていこうと考えているかを述べることにする。

1．筆者の体験の定義

　(1)　本研究では，ロジャーズの"experience"とは違って，なまの実感として感覚的に感じられているものを「体験」と呼ぶことにする。つまりそれは，理論上の構成概念ではなく，当事者の活動に伴って，当事者に直接感じられるものを指している。

　(2)　なまの実感として感覚的に感じられているもののなかには，言葉でぴったりと表現できるような明示的（explicit）なものだけではなく，「何かモヤモヤする」，「何かよくわからないがしっくりこない」というような，うまく言葉にすることが困難だし自分にもそれがどのようなものであるのかは必ずしも明らかではないが，感覚的にははっきりと感じられているような暗々裡（implicit）のものも含まれている。

　(3)　体験は，当事者の注意が外界に向けられているときには，地になっていてはっきりと意識されてはいない。しかしその場合にも背景には存在していると考えられる。一方，自分の内界に注意を向けたときには，それが図化されて意識されることになる。

　(4)　体験には，当事者が置かれている状況についての，当事者によって体制化された認知が含まれている。例えば，これは大学生の心理療法を行っていると実際によく経験することであるが，大学の入学試験に合格したことは，

ある個人にとっては自己評価を高め，自分の目指している未来の自己像に近づくものとして認知されるものであるかもしれない。しかし別の個人にとっては，周囲の勧めになんとなく従ったことによって生じた結果であり，自分の未来像とは必ずしも直結しない事実と認知されているかもしれない。クライエントが実感として感じている体験のなかには，このような認知的な側面が含まれている。

(5) 体験には，このような認知的な側面だけでなく，情緒的な側面，身体感覚的な側面が含まれている。例えば，情緒としては「嬉しい」とか「なんとなく面白くない，苛立つ」というようなものがありうるし，身体感覚としては「胸が弾む，ワクワクする」とか，「胸のあたりにしこりを感じる」，「肩に力が入る」というようなものがありうる。体験とはこのように，分析的に見れば，認知的な側面，情緒的な側面，身体感覚的な側面の3つの側面から成り立っていると考えられるものである。

(6) しかし実際に体験している当事者にとっては，体験とはこの3つの側面が組み合わさって感じられるようなややこしいものではない。それは今の瞬間に主観的に感じられている，まさに単一の事象である。ある認知に伴って，情緒も生じるし体でも感じるような，全身的なリアルなものである。

(7) このような検討から，本研究では体験を，**「当事者の活動に伴って当事者に直接感じられうる，認知的側面，情緒的側面，身体感覚的側面を含む主観的心理的事象」**と定義することにしたい。

2．ジェンドリンとの相違点

筆者は，ジェンドリンの考えとは異なり，体験の変化は必ずしも言葉による概念化の作用にもとづくものとは考えない。体験に含まれる3つの側面，すなわち，認知的側面，情緒的側面，身体感覚的側面のいずれかの変化が，他の側面にも変化をもたらしうると考える。その意味では，洞察原理と区別して体験原理を考える成瀬の考えに共鳴する。

第2部の事例研究において詳しく検討するが，筆者は体験の情緒的側面や身体感覚的側面に変化が起こり，それが他の側面にも影響を及ぼすことに

よってクライエントの体験に変化が生じた後に、クライエントに「気づき」と呼べるような新たな意味づけが起こることを見いだしている。つまり、ジェンドリンが論じているような、言葉による概念化の作用として体験に変化が生じる場合だけでなく、体験に変化が生じた結果として、クライエントに新たな気づきが生じる場合もあると考えるのである。

3．体験の変化

　筆者は言葉を媒介にした対話心理療法を手段として、クライエントの体験に変化をもたらすことを目指す。そしてその鍵となるのは、「関係を通じて形成される面接の場の体験」であると考える。対話心理療法においては、言葉という認知的要素を強く含んだ道具が基本的な手段となるが、やりとりされるのは言葉だけではない。言葉のやりとりや両者の態度・ふるまいを通じて「関係」が生じ、それはクライエントとセラピストの双方に「面接の場の体験」を生み出す。面接の場における両者の体験は決して同じものではないが、何らかの意味でつながりをもっている。

　「面接の場の体験」は、クライエントの「日常の場の体験」から影響を受けてそれと類似したものになりがちであるが、一方、セラピストからそれに働きかけることによって「日常の場の体験」とは様相の異なるものにしていくことが可能である。セラピストは自らの体験を手掛かりにしてクライエントの体験の様相をつかむことが可能であるし、さらに、言葉や態度・ふるまいを通じて面接の場に働きかけることによって、クライエントの体験の認知面、情緒面、身体感覚面に変化を生み出すことができる。そして、そのようにして形成された「面接の場の体験」がクライエントの「日常の場の体験」に影響を及ぼし、その様相に変化を生み出すことが期待できる。本研究においては、この「面接の場の体験」を土台にして、体験の変化を検討していくことになる。

第2章
主体感覚の概念の提示

第1節　主体感覚の損なわれた体験
　　　──体験に伴う自律性の感覚の欠如感

　心理的に困難な状態にあるクライエントにおいては，どのような性質の体験が生じているのであろうか。筆者はセラピストとして，クライエントと関わりを持ちながら彼らの体験を観察しているうちに，彼らは体験に伴う自律性の感覚を保ちにくくなっているのではないかと考えるようになった。彼らは，自分自身の体験であるにもかかわらず，しかもそれは多くの場合，不快な，苦痛に満ちた体験であるにもかかわらず，「いつもこんなふうに感じて（考えて）しまう」と，その体験の反復に陥っていることを語るし，それに対して「自分ではどうしようもない」と，対処不能感，無力感を訴えることが多い。クライエントはその体験をコントロールできないかんじ，その体験に圧倒されるかんじ，自分の力ではどうにもならない無力なかんじを抱いているのである。ここに欠けているのは，体験に伴う自律性の感覚であると考えられる。
　われわれが一般に心理的な苦痛を感じる場合を考えてみると，それがかなり苦痛な体験であったとしても，自分の意志によってそれに直面したり，それを別の角度から眺めたり，それから離れて他の体験を持ったりするなど，自分の体験に自律性を持つことができるならば，本当の意味での「困難」とはならない。しかし起こっている体験に対して対処ができず，特定の体験に縛られたり振り回されたりして体験の自律性を持てない場合には，困難さは

急速に高まると考えられる。つまり，われわれが心理的に「困難」と感じる，その困難さのゆえんは，体験の自律性を保てなくなっていることにあると言うことができる。

筆者は，この「体験に伴う自律性の感覚」のことを「主体感覚」と呼ぶことにしたい。それは，この感覚こそが，体験の当事者としての主体意識の拠り所となるものでり，この感覚を持てなければ，体験の主(あるじ)としての主体の感覚を保てなくなると考えるからである。自らの体験に自律的に向き合うことができ，その体験に対処できる場合には，自らの体験に自律的に向き合えている主体の感覚，その体験に対処できている主体の感覚を持てると考えられる。しかし，この自律性の感覚を持てなければ，問題となる体験に呑み込まれて自分を失ってしまうことになり，その体験から区分できるような主体の感覚を持つことは難しくなると考えられる。すなわち，体験に伴う自律性の感覚は，自律的に体験している主体の感覚につながるものである。

主体感覚とは，序論で述べたように，体験様式の一変数である。つまり，どのような体験の内容であるかではなく，どのような体験の仕方（様式）をしているか，という点に注目した見方である。筆者は，クライエントの感じている心理的困難のゆえんは，主体感覚の損なわれた体験様式に陥っていることにあると考える。

この「主体感覚」および「主体感覚の損なわれた体験様式」については，具体的にクライエントの訴えや表現を示しながら述べていくべきであろう。次の第2節では，4つの事例を示しながら主体感覚の概念について検討していくことにする。

第2節　4事例に見られた主体感覚の損なわれた体験

この節での事例の提示は，主体感覚の損なわれた体験様式を説明することを目的としているため，各事例の面接経過を詳しく述べるのではなく，特定の局面に絞って報告する。以下の事例の記述中，「　」はクライエントの発言，〈　〉はセラピストの発言を示している。また，＃記号で表す数字は，第

1. 事例 A

　19 歳の女性クライエントである。児童期から自宅以外の家（親戚宅等）に泊まることになると夕方に不安発作が生じるため，自宅以外には泊まったことのない人であった。高校 2 年次から不登校が始まり，次第に外出も難しくなって自宅で引きこもる生活が続いていた。彼女は学校に行けないことについて，「いざ登校しようとすると，まわりがこわいかんじで，登校してもまわりが自分のことを言っているようで，そのことばかり意識して何もできなくて，登校できなくなる」と言う。それと並行して，自信になるものが最近はなくなってしまったと語る。そして「いつもすごく不自由。起きて寝るまで，一日中すごく不自由」と言う。

　彼女は心理療法面接にも予約どおりにはなかなか来れず，キャンセルや遅刻が続いた。20 分遅刻した＃25 で遅刻について聞くと，前夜は面接でこんなことを話そうと考えていたが，家を出る直前になって急に不安になり，何を話そうかと考え始め，全然わからなくなってしまったと語る。「外に出ようとすると何かこう，よくわからんことになってしまう」と言うので，〈その時の自分の気持ちは分かりにくいのかな？〉と問うと，「何か，出ようとすると自分が全部おかしく感じる。そして引きこもりたくなる」と語った。そこで〈おかしく感じるというのを，もうちょっと教えて〉と促すと，彼女は「何か，動いてないから，動けるかなーとか，顔を普通にしておけるかなーとか，態度とかにしても，全部おかしく見える」と言う。つまり，「とにかく全部おかしい」というどうにもならない体験が彼女を圧倒している様子であった。

　次の＃26 では，家庭教師の先生が自宅に来てくれたのに，自室に閉じこもってしまって先生が待っている居間に出て行けなかったという話題について吟味していった。先生が来るのを楽しみにしているが，いざ先生が来ると自室から出れなくなり，「出なきゃ」と思ううちに怖くなると言う。〈出て行く時になると？〉「いつもの…」〈いつもの虫が出て来るんだね〉「うん

(笑)」〈その虫の正体は何だ？〉「恥ずかしいのもあるし，自信がないのもある。人に嫌われたくないのもある」というやりとりに続いて，〈その恥ずかしいって，何だろう？〉と問うと，「何かやっぱり，変なふうに見られたくないとか，正体を見せてはいけないとか（笑）」と言い，その「正体」とは，自分が不登校などで人よりも劣っているのに，相手の前ではもっとよく見せようという気持ちがあるが，出て行く瞬間になると，カッコよくないし，変な人だし，「しょせんはダメなんだ」という気持ちが強くなって「パニック状態」になるのだと言う。そのため，町を歩いていても，人がしゃべっているのも「全部自分のことを言われてる気がする」ことになる。クライエントは，「自分を見せると，嫌われるかんじ」と語った。

　このクライエントは独特の体験に苦しんでいると言うことができる。その体験の特徴として，以下の3点を取り出すことができる。
　(1)　この事例では，心理療法面接の前日には面接で話すことについて落ち着いて考えるが，当日家を出る直前になると急に不安が起こって混乱状態になり，来談が難しくなるというシリーズが生じている。つまり，この体験は人前に出る場面で急に強くなってくるものである。その場面になると，急にスイッチが切り替わるようにして，自動的にこの体験が起こると言うことができる。
　(2)　その体験はクライエントを圧倒するような様式のものである。つまり，その体験に対してクライエントは無力であり，不快な体験であるにもかかわらず，それを自分ではコントロールすることができないでいる。圧倒され，振り回されるような様式の体験が起こっているのである。その体験の内容をなんとか言葉にすれば，「(自分は) おかしい」とか「恥ずかしい」，「嫌われる」というようなものであるが，実際には言葉以前の感覚として，強い情緒を伴って感じられてくるようなものであったと考えられる。そしてクライエントが「(自分が) 全部おかしく見える」とか「パニック状態」と表現しているように，この体験が起こると，クライエントはそれに呑み込まれ，自分を失ってしまうことになり，体験の自律性は損なわれる。この体験自体の

持っている力が特定の方向（引きこもる方向）にクライエントを引っぱっていくことになり，クライエントは，この体験に向き合ったり，それをコントロールするような主体の感覚を持ちにくくなるのである。

(3) この体験は，繰り返し反復する性質を持っている。#25での心理療法面接当日の家を出る直前の体験と，#26の家庭教師の先生の前に出る場面での体験は，そっくり同じような体験である。また，彼女が不登校について「いざ登校しようとすると，まわりがこわいかんじ」と語っていることからすると，不登校が生じるさいの体験もこれらの体験と同じような内容の体験であったと考えられる。このように，同じような内容の体験が常同的に反復されており，体験内容が変化しにくくなっている。

2．事 例 B

19歳の男性クライエントである。彼は「胸やお腹が苦しくなったり，頭が痛くなったり，何かの匂いがして気分が悪くなったりする。病院に行って『どこも悪いところはない。気にしなくていい』と言われたけれども，本当に気にしすぎなのだろうか」と訴えて来談した。心理療法を継続するうちに，彼はほとんど休息ということを知らず，自宅でも食事もそこそこにいつも机に向かって用事をしている生活であることがわかってきた。それは「いつも何かをしてないといけない気がする」からであるが，しかしそうして無理をしていると，急に疲れを感じ，ふと気を抜いた時に自分の体のことを心配しはじめることが明らかになってきた。

そこでその点について話し合い，そのような生活態度を改めて，疲れを感じた時には早目に休息をとるようにしていったところ，当初の訴えは急速に消失した。#6では「もうほとんど気分が悪くなることはなくなった」と言い，気分が悪くなっていたのは「不安みたいなのがずっとあって，それでじゃないかな」と語った。そして体のことだけでなく，いろんなことで心配ばかりして悪い方に考えがちであることを話し，「だから保守的になる。何かをやることの期待より不安の方が大きいから，結局やらないことになる」，今回も「体が気になり始めるとこれで終わりじゃないかと考えてしまった」

と言う。そこで〈切り替えが必要だよね。不安になるとその考えから離れられなくなるんだ〉と伝えると、彼は「切り替えられないんです。『またこう考えてる』までは行くけど、考えが止まらないんですよ。他のことを考えようとしても、頭の隅っこで考えてる」と語った。

　この例では、心気的な内容の不安な体験が語られているが、クライエントが困難を感じていたのは、そのような不安を伴う体験が自動的に起こってしまい、自分ではそれを止めることができず、他のことを考えようとしても難しくなることであったと考えられる。つまり、先に事例Aであげた3点のうちの(2)が、この事例にもあてはまる。この体験はコントロールが困難で、自分の力ではそれに対処することが難しく、それに振り回されてしまいがちなものであった。

3．事例 C

　24歳の男性クライエントである。彼は、仕事上の負担感や対人関係での孤独感を訴えて来談した。「自分は完璧主義者で、人の倍の時間をかけないと仕事ができない。それで焦ってしまってパニックになる」と言い、「集団の中での孤独感。自分が仕事をやろうと思っていても、思ったほどはできていないこととのギャップ。自分を最悪の人間、最下層の人間と思っているから」と語る。〈そのなかでも、実際にはこれだけの仕事はやれている。それを認めてやれたら〉と伝えるが、「それができない。『できて当然』になるから」と言う。

　仕事上の負担や孤独感を感じながらの生活のなかで、彼の数少ない楽しみは趣味に熱中できる時間であったが、#17では、その趣味に没頭することにも自己嫌悪を感じていると語った。「変な自己嫌悪。『どうしてこんなことをしているんだろう』とかぐるぐる考えて、おかしくなっている。自己否定ばっかり。仕事をしっかりやっていくことが今の目標だし、そのためには趣味の時間も必要だと思っている。それははっきりしているけど、でも、自分のことをダメだなーと考えてしまう、その考えが止まらない。自分がダメな

人間にしか見えないんですよ」と話し続ける。〈ダメな人間だという考えが止まらなくて，考えが同じところになるの？〉と問うと，「それが広がって，自分の全部を否定することになる」と語った。

　この例では，自責的，自己否定的な内容の体験が語られているが，体験様式として特徴的なのは，クライエントが「ぐるぐる考えておかしくなっている」とか「その考えが止まらない」，「それが広がって，自分の全部を否定することになる」と表現しているように，その体験が起こると，それが止まらずにどんどん拡大していき，それに対して対処不能と感じられる点であったと考えられる。つまり，先にあげた 3 点のうちの(2)が，この事例にもあてはまると言うことができる。

4．事 例 D

　19 歳の男性クライエントである。「人と対面すると緊張して恐怖を感じる」という切迫した訴えで来談した。「周囲の人がいつも自分を見ているかんじで，刺すような冷たい目で見られていると自分で思い込んでいる」と語る。高校生の頃は友人関係を極力避けてきた。それは「人と話してもどうせ嫌われて，皆が自分から離れていくから，人と話せない」ためであった。彼は「人と会うと，とっさに，『みんな自分を冷たい目で見てる』と考えてしまう。習慣になっている。条件反射みたいに」と言う。「人間，相手を十分に理解はできないと思う。それは頭では理解してるけど，条件反射みたいにそうなる。考えたことをすぐ信じてしまう」と語った。

　これに対して，〈冷たい目で見られていると感じるときのからだのかんじはどうだろう〉と問いかけると，彼は感じを確かめながら，「体に力が入って，緊張しています。特に上半身。肩に力が入って全体が痛い感じがする。不安になって肩に力が入る」と語った。

　この事例では，「人と会うと，とっさに，『みんな自分を冷たい目で見てる』と考えてしまう。習慣になっている。条件反射みたいに」という言い方

に，その体験が自動的に起こってコントロール不能なかんじ［先にあげた3点のうちの(2)に相当するもの］が表現されている。また，高校時代から数ヵ年にわたって常同的な体験が何度も繰り返され，そこから前に進めなくなっていることもうかがわれる［3点のうちの(3)］。これに加えて，筆者からの〈冷たい目で見られていると感じるときのからだのかんじはどうだろう〉という問いかけに対してなされた「肩に力が入って全体が痛い感じがする。不安になって肩に力が入る」という表現からは，このような体験が情緒的な側面だけでなく，何らかの身体感覚的な側面も強く伴うものであることが理解される。

以上，4つの事例でのクライエントの発言を例にあげた。筆者は，これらの事例において共通の体験様式が生じていると考え，それを「主体感覚の損なわれた体験」と呼んでいるのである。このような様式の体験は，神経症圏の多くの事例に共通して見られるものではないだろうか。

第3節　主体感覚の損なわれた体験に見られる特徴

主体感覚の損なわれた体験は，クライエント自身には，主観的には「体験の自律性の感覚の欠如感」として感じられているものであった。ここではそれに加えて，上記の4つの事例に見られた事実にもとづいて，それをやや外側から観察したときの特徴を2点取り出して記述する。

1．体験内容の常同的反復性

前述の3点のうちの(3)に述べたように，主体感覚の損なわれた体験が生じている場合には，同じような内容の体験が繰り返し反復される傾向がある。外界に生じる出来事には2つとして同じものはないはずであり，元来われわれはそれに応じて，多種多様なニュアンスの体験を持つはずである。ところが，ここで問題にしているような体験においては，このような多様性がなく，全く同じような内容の体験が常同的に反復されることになる。傷の入ったレ

コード盤のように，その体験が何度も反復され，体験内容に変化が起こりにくいのである。

クライエントはこのような反復状態になっていることに，あまり気づいていないことも多い。クライエントにとってはそのひとつひとつが，実感のある，そうとしか感じようのない体験であるので，自分が同じような体験の反復状態に陥っていることにさえ気づかない場合もあるのである。

2．固有の情緒・身体感覚の随伴

前述の事例群に見られたように，このような体験には，固有の情緒および身体感覚が随伴している。つまり情緒や体感をひっくるめての全身的なものとして，その体験が生じている。先に体験の定義で述べたように，体験はもともと，認知面だけでなく，情緒面・身体感覚面を伴うものであるが，ここで問題にしている体験の場合には，かなり色合いの鮮明な，しかも度合いの強い情緒・身体感覚が随伴している。そしてそれは概して，本人にとって不快で苦痛なものである。

筆者はこのような状態にあるクライエントを観察するうちに，固有の情緒や身体感覚は単に体験の随伴物というだけでなく，それらが体験を作り出している側面もあるのではないかと考えるようになった。つまり情緒あるいは身体感覚が，反復的な体験を作り出すオーガナイザーのような役割を果たしている面もあるのではないか，ということである（吉良，1994b）。というのは，反復的な体験が生じている場合，特定の情緒ないしは身体感覚がその人の体験世界に広範に蔓延し，かつ固定化していて，それに引きずられるようにして同じような体験が繰り返し起こっていると考えられる場合があるからである。

固有の情緒や身体感覚が随伴していることについても，クライエントは当初は気づいていないことが多い。体験に圧倒されて，問題となる事柄がどのように感じられているのか，自分でもよく分からない状態になっているからである。心理療法の進展につれて，クライエントはそれに気づいていくことが可能になると言うことができる。

第4節　主体感覚の保持された体験

　ここでは前節までの議論をもとに，主体感覚の保持された体験とはどのようなものかを3点述べておきたい。ただし，ここでの論述はごく簡単なものにしておく。詳しくは，次の第2部の事例研究を踏まえて，第3部第7章で論じることにする。ここでの論述は，次章以降の事例研究を進めるための準備として行うものである。

(1)　体験の自律性
　体験に伴う自律性の感覚が保たれている。つまり，問題となるような体験が生じたとしても，それに圧倒されたり振り回されたりするのではなく，それに自律的に向き合い，それに対処できる感覚を持つことができる。問題となる体験から区別できる主体の感覚を持てている。

(2)　体験の常同的反復に陥らない
　体験内容は常同的な反復に陥らない。さまざまな出来事の性質に応じて，多種多様な体験が生じる。外的な出来事はそれぞれが個別性を持つものであるので，内的な体験もひとつひとつが異なっている。特定の体験に縛られていないので，体験は固定的反復的ではなく，流動的で，常に新しい体験が可能である。

(3)　柔らかく伸びやかな情緒・身体感覚
　情緒面・身体感覚面の性質は，強く激しいものではなく，柔らかく伸びやかなものとなる。身体的には，状況に応じて緊張と弛緩が可能である。

第5節　主体感覚の賦活化に焦点をあてた心理療法の注目点

1．心理療法の焦点

クライエントの抱えている困難さのゆえんが主体感覚の損なわれた体験様式にあるとすれば、心理療法の焦点もそこにあると考えられる。つまり、セラピストはクライエントの体験様式に注意を向け、彼らに自律性の感覚の伴った体験が可能になる（主体感覚が賦活化する）ように働きかけることを、その基本と考えることができるであろう。筆者は主体感覚を賦活することに焦点をあてて心理療法を展開することが可能であると考える。

2．面接の場の体験への注目

日常の場では主体感覚の損なわれた体験に振り回されがちなクライエントへの心理療法を検討するうえで、日常の場の体験と、それについて語る面接の場の体験とを明確に区別して考える必要がある。つまり、面接の場はクライエントにとって、日常の場での体験とは違って、自律的な感覚を伴った体験を積み重ねていけるような場である必要がある。そのような場の体験が積み重ねられることによって、クライエントの内面に次第に主体感覚が結晶化してくると考えられる。その結果として、日常の場においても自律性を伴った体験を持てるようになることが期待できる。

前述した事例Aについて再度検討してみる。クライエントの日常の場の体験については先に述べたとおりであるが、心理面接の場では日常の場での主体感覚の損なわれた体験について、対話による吟味が行われている。このような対話が行われている面接の場でのクライエントの体験は、日常の場での体験とはかなり異なっていると考えられる。すなわち、日常の場での体験に較べて、はるかに自律性を伴った体験が生じていると言えるであろう。このことは、事例B、C、Dにも共通していると考えられる。本研究では、このような面接の場でのクライエントの体験の様式に着目し、それを手掛かりに

して体験に変化を生み出す方法を検討していく。

3．心理療法面接の場でのセラピスト自身の体験の重要性

　面接の場でのクライエントの体験を扱っていくうえでは，面接の場のもうひとりの当事者であるセラピスト自身の体験が重要になる。

　西平　直（1993）は二者間の関係性について，関係そのものは「その全体を開示する場を持たない」のであり，「むしろ，関係の端においてのみはじめて姿を現わす場を持ち，したがって，その全体は一つのパースペクティヴを通して見られた『像』としてのみ，はじめて姿を現わす」と述べている。すなわち，関係とはそれ自体を観察することはできず，関係の両端（つまり，関係の当事者である両者）に起こっていることをつながりをつけてとらえることによって，はじめて見えてくるものである。

　このことを言いかえれば，関係の中で生じる自分自身の体験は，相手の体験と何らかのかたちで関連しているということになる。だとすれば，クライエントの体験に近づくためのもっとも基本的な手段は，セラピスト自身の体験の吟味にあると言いうる（吉良，1999b）。セラピストは自分自身の体験を通じてクライエントの体験の様相をつかみ，面接の場での自分自身の体験にもとづいてクライエントへのアプローチの方策を発見していくと考えられる。

第2部 事例研究

第3章

体験的応答により主体感覚が
賦活された事例の検討

　筆者はクライエントの主体感覚の賦活化をねらったアプローチとして，まず体験的応答を考える。本研究は，体験的応答がクライエントの主体感覚を賦活する効果を持つかどうかを検討するところから出発する。そこで本章では，体験的応答を中心とするアプローチを行った事例Eをとりあげ，面接過程を報告するとともに，それについて主体感覚の観点から検討を行っていきたい。

　結論から言えば，本章に述べる事例Eにおいては，体験的応答はクライエントの主体感覚を賦活する効果をもったと考えられる。すなわち，ジェンドリンの「直接のレファランス・概念化」の理論・技法が，クライエントの主体感覚を賦活するのに有効であった事例である。

　一方，体験的応答がクライエントの主体感覚を賦活するような十分な効果を果たすことができず，他のアプローチを行う必要があった事例については，次章以降の第4章～第6章に報告していく。そのような，筆者独自の理論的技法的な工夫が必要になった事例群を検討する前に，本章ではまず，ジェンドリンの理論・技法がそのままのかたちで有効であった事例について検討することにする。

第1節　研究の出発点としての体験的応答

1．対話心理療法における筆者の基本姿勢

　対話心理療法において筆者がクライエントにかかわるさいの基本的な姿勢

は，クライエントが感じているはっきりと明示的なものだけでなく，もっと複雑で暗々裡に感じられているものも含めて，状況についてのクライエントの意味づけなどの認知的成分やそこでの情緒や身体的な感覚も含めた全体，つまり筆者が先に「体験」と呼んだものを，筆者自身の体験を通じて感覚的に感じ取ろうとするものであり，また，感じ取ったものをできるだけ言語化して応答していこうとするものである。これはジェンドリン (Gendlin, 1968) が「体験的応答」(experiential response) と呼んだものに相当すると考えられる。

本研究では，主体感覚の賦活化を目指したアプローチについて検討していくための出発点に，「体験的応答」を置いている。これが筆者の行っている対話心理療法の基本的な姿勢であるからである。事例研究に入る前に，ここではまず，「体験的応答」とはどのようなものであるのかを明確にしておきたい。

2．体験的応答

ジェンドリン (Gendlin, 1968) によれば，「体験的応答」とは，来談者中心療法で「感情の反射」(reflection of feeling) と呼ばれてきた応答を再吟味することで発展させたものと言うことができる。「感情の反射」の場合，「感情」とは，愛，憎しみ，喜び，怒り，恐れのようなきわめてはっきりした特定の情動 (emotion) のことを指すと考えられがちであった。しかしジェンドリンは，実際にはセラピストははっきりと明確な感情だけでなく，もっと複雑で暗々裡に感じられているような状況全体についての感覚や，状況についてのクライエントの意味づけなどの認知的な成分も含めた全体，つまり本研究で「体験」と呼んでいるものに応答していく必要があることを強調している。そしてそれを，「体験的応答」と呼ぶ方がよりふさわしいと述べている。[体験的応答については，村山 (1977)，吉良 (1986) も参照されたい。また，その後ジェンドリン (Gendlin, 1984) はこの考えを発展させて，「クライエントのフェルトセンス (felt sense) に応答していくべきである」と述べているが，その論旨はここで述べていることと基本的には変わっていないと考えられる。]

ジェンドリン（Gendlin, 1968）の述べている，体験的応答の原則を箇条書きでまとめると，以下のようになる。
① クライエントの感じている，感じられた意味（言葉ではっきりとは言い表せないが確かに感じられているような感覚）に応答していく。
② 新しいいろいろな面がそこから具体的に現れてくるように，感じられた意味を解明しようとする。
③ そのために，セラピストは試行錯誤的にさまざまな方向を試みてみる。
④ クライエントの体験的な軌道（感じられた意味の中にもともと含まれている方向性）についていく。
⑤ セラピストの応答は，クライエントがその瞬間に感じている感覚を正確に指し示さなければならない。
⑥ クライエントが前よりもより多く，より前進して感じていけるように，クライエントが感じていることを明らかにしていく。
⑦ クライエントだけが自分の軌道を知っている。セラピストは，クライエントの体験的軌道についてのクライエント自身の感じによって進んでいく。
⑧ 体験過程の推進が生じたことは，クライエントが生き生きとしてきて「確かにこんな感じだ」という実感を感じていることによって確認されるし，その時には新しい面が浮かびあがってきて話題の焦点（体験の内容）が移ってゆく。
⑨ さまざまなオリエンテーションにもとづいた理論的な概念は，クライエントが今現在感じていることを体験の水準で指し示すのに使用できるとき，心理療法に役立つものになる。
⑩ クライエントが感じていることを正確に十分に解明していくことが，心理療法の深さである。

3．本研究における体験的応答の具体的な応答の仕方

以上のような体験的応答により，クライエントは自分自身が感じていることを明示的にとらえ，さらに進んで感じていけるようになる。すなわち，こ

れは「直接のレファランス・概念化」のプロセスを促進することをねらった応答と言うことができる。しかしジェンドリン自身は，体験的応答とは具体的にどのような応答の仕方を指すのかを，必ずしも明確に述べているわけではない。それは，具体的な応答技法を示すことよりも，応答のねらいを明確にすることの方が重要と考えたためであると考えられる。たしかに，各事例の特性や面接の局面に応じて，応答の仕方は異なるであろう。そのような個別的状況を抜きにして応答の仕方だけを示すと，かえってそれに縛られることにもなりかねない。したがって，セラピストへの指針としては，具体的な応答の仕方よりも，応答のねらいを明確にすることの方が意味があると考えられる。

しかし本研究では，筆者がどのような応答の仕方を体験的応答と呼んでいるかを明確にしておく必要があると考えられる。研究としての議論を深めるためには，事実を相互検証できるかたちで示す必要があるからである。本研究で筆者が「体験的応答」と呼ぶものは，具体的には以下のようなものの総体を指している。

① クライエントの発言のうちから，体験の様相が表現された言葉を選んで，それを反復してクライエントに伝える。
② クライエントの発言や態度から汲み取れるクライエントの体験の様相をセラピストが感じ取り，それを言葉にしてクライエントに伝える。もしもそれが適合しないとクライエントに感じられれば，クライエントにそれを言葉にするように求める。
③ クライエントが暗々裡に感じている体験の様相に焦点をあてていき，それがどのように感じられているかをクライエントが確かめ，言葉にするように促す。
④ 上記の③の一手段として，ある事柄についての「からだのかんじ」を感じてみるようにクライエントに指示する。

上記の4項目のうち，①と②は「感情の反射」に相当する応答技法であるが，筆者が「体験的応答」と考えるものは，それに③と④が加わっている。この③と④は，クライエントが暗々裡に感じている体験の前概念的有機体的

感覚(ジェンドリンの用語で言えば「フェルトセンス」)をクライエント自身がより十分に感じ取っていけるように促す応答と言えるものである。

次の第2節では、体験的応答を中心とするアプローチを行うことにより主体感覚が賦活化したと考えられる、事例Eの心理療法の過程を報告する。

第2節　事例Eの心理療法過程

本事例は、21歳の男性(大学生)である。ある年の6月に心理相談の機関に来談した。彼は大学に入学して一人暮らしを始め、大学生活3年目を迎えている。1年目では多少の単位を取得したものの、2年目は全く取得できておらず、教養課程で留年をしている。高学年次に進級するには、まだかなり多くの単位の取得を必要とする状態であった。身体的には肥満が目立った。

なお、以下の事例報告の記載において、"Cl"は「クライエント」、"Th"は「セラピスト」を略したものである。また、ここでもクライエントの発言は「　」、セラピストの発言は〈　〉で示し、#は何回目のセッションであるかを表している。

第1期　主体感覚の損なわれた体験の感覚的ニュアンスに注意を向けていった時期
　　　　(#1～#6)

#1で話を聞くと、Clは「無気力で登校拒否の状態になっている。自分のやりたいこと、考えていることがわからない。明け方になると眠くなる。寝ると夕方の5時過ぎまで寝ている」と語り、「自分でどうしていいかわからなくなった。大学をやめたい気持ちもする。自分にとって大学は価値がない気もしてきた」と言う。「高校ではやりたいことをずっと我慢したし、大学でも我慢してきた。今の大学、学部を選んだのは親の喜ぶ顔を見たかったから」と語り、「今でも親の前では自分でない自分を演じているかんじ」だと言う。中学1年時、Clはケンカをしたり煙草を吸ったりする「不良だった」が、それで親に「さんざん迷惑をかけて」、中学2年から「罪ほろぼし」のつもりでまじめになった。そして高校以降は家での顔と学校での顔を「使い

分けて」きた。大学入学後も，親の前では勉強も遊びも楽しくやっている理想の大学生像を演じてきた。しかし実際は，Clは入学直後からよく内容も知らない学部を選んだことを後悔し，大学1年次は複数のアルバイトに没頭してほとんどの時間を使っていた。このため学内に友人はほとんどできない状態であった。2年目はアルバイトをやめたが，大学にはあまり顔を出さず，無為な生活に陥ってしまった。生活リズムは昼夜逆転状態になり，落ち着かない気分になると「食って発散する」ために体重が15キロも増えた。また，あれこれ考えていると「死にたい」気持ちが繰り返し襲ってくる。入学後3年目になって，なんとかしようと授業への出席を始めたが，それも途中で行かなくなり，現在は再び無為な生活になっている。

Clは「親に『再留年したらやめさせる』と言われている。自分でやめるように仕向けているかんじがする」とは言うが，退学したとしてもその後の計画は特にない。そこでThが〈大学をやめるにしても，今の状態だったら何をしていいかわからないのでは？〉と問うとClは同意する。そして〈ひとりで考えるより気持ちが整理できそうなら，ここに続けて来てみないか〉という提案には，「話をしてすっきりした気がする。ぜひそうしたい」と継続来談を希望する。〈結果的に大学を続けることになっても，やめることになっても，どっちでもいいと思う。ただ，自分なりに意欲を持ってやれるようになればいいよね〉と伝え，以後週に1回の面接を継続することになった。

#2ではClは「やっぱりやめる方向で考えている」と語り始めた。「正直なところ，自分のことを考えたことがなかった気がする」というClの言葉にThは注目し，そこに対話の焦点を当てていった。するとClは「自分がどうしたいかは全部抑えてきたような。探さなくても親が次々に目標を与えてくれたというか。俺はけっこう人を喜ばせるのが好きだから，相手のことを考えてしまう」と言う。両親は「ものすごく優しい」人たちとのことで，「不良をやめたのも，母親に泣かれたのが大きい」と語る。大学に合格した時も親は大変喜んだそうである。〈大学に入って，その期待に添えなくなったのはどうしてだろう？〉と問うと，Clは「そこですよね」と言い，「やっと親の目を離れて，自分のことを考えるようになったんだと思う。入学して

第3章 体験的応答により主体感覚が賦活された事例の検討　　　53

ふと立ち止まったら，皆は楽しんでるのに，俺はどうして楽しくないんだろうと考えてしまった」と語る。そして「親の期待に添わないように反抗したいような気持ちもあったと思う」と言う。

＃3になると，Clは「大学をやめるのも嫌なんですよね」と言い，「今まで一生懸命大学に行っただろうか，と思う」と言うようになった。「考えがコロコロ変わる。本当にやりたいのはどっちだろう」とClは戸惑いを見せ，「今は何をしても楽しくない。情けない。でも気力がない，自分に自信がない」と語った。

変化への大きな転機となったのは，次の＃4であった。＃4で「何をやっても楽しくない。感情自体がなくなったようなかんじで，何にも関心がない」と言うClに，Thは問いかけるかたちで3つの可能性を示した。すなわち，〈それは，強い感情がありすぎて感情が切れたのだろうか，本当に感情がなくなったのだろうか，それとも大きな感情がベースにあって，さざ波のような時々の感情は感じられないということなのだろうか〉とClに問いかけた。するとClは「あー，3つ目が近いと思う」と言う。そこで〈何かの感情がベースにあるとしたら？〉と聴くと，Clは「モヤモヤがずーっとある。うっとおしいかんじ。重苦しい，暗いかんじ。引き込まれそうな，めちゃめちゃ重苦しい」と途切れ途切れに語った。この重苦しさは，「学校に来るのは楽しくない。人の中に入っていくのにためらいがある。輪の中に入っていけない」と語ったように，孤独感・孤立感と関連したものであった。これを聴いて，ThにはClの感じていることが実感として伝わってくるように感じた。このような，Clの体験の感覚に焦点を当てた応答（体験的応答）によって，Clは自分の内面に注意を向けて（直接のレファランス）感じ取り，それを言葉にして語ることができた（概念化）のである。

すると続く＃5では，Clは「ここに来るのが楽しみになってきた。何でもしゃべれるから。こんな時間が全然なかった」と言い，「学校に行きたいな，という気が少しだけどしてきた」と語るようになった。心理面接のついでに授業に出てみようかと思い始め，最近は授業にもかなり出席していると言う。以前は大学に来ると，「ポツンと取り残された気がしていた」。そして「前は

気持ちが沈んだままだったのが,最近は浮きたい気がしてきている」と語り,「なんか不思議ですね。自分に人間関係がなくなっていることや,そのことでしんどくなってることが,ここに来てはじめてわかった」と言う。#6でも,「はじめここに来た時より,気持ちがずっと楽です。死にたいと思っていたのもだいぶ減った」と報告し,「ここみたいに何でも口にするのは,多分はじめてのこと」と語った。

第2期　進路の希望が明確になるとともに日常生活が安定していった時期 （#7〜#11）

Clは大学を続けたいと明確に考えるようになり,その方向での今後の進路を語るようになった (#7)。しかし取得単位の関係で,この段階ですでに再留年は確定しており,そのことをどのように親に伝えるかが,Clには大変苦痛になっていった。それは「親が心配して潰れてしまうんじゃないかと心配」と,親を気遣う気持ちからであった。Clは「昔から親には何も言えなかった。あんまり言うと,親が悲しむ気がして」と語り,「親の言う通りにしていたら,親が安心する気がするんですよ」と言う。親に対する気持ちをいろんな方向から話し合ううちに,Clはこのセッションの終わり際には,「なんか,心配する親を心配させないようにと,俺が心配性になってるかんじですね」と語った。

前期の定期試験が始まり,Clは試験を受けることになった。#8・9では1年ぶりに試験を受けている自分が「楽しいというか,嬉しかった」と語るようになった。生活リズムも,夜に寝て午前8時には起床するという規則正しいものになってきた。また,特に学内に友人ができたわけではないが,「今は自分も人の輪の中に入っているかんじ」と言う。そして「前は,周りは水で自分は油のようなかんじがしてた。それできつかったような。頭がおかしくなっとった」と語った。単位もある程度は取得した。

親に対する感情については,#9で「留年したら,親の期待からはずれて大学をやめられると思っていた気がする。親に言葉で言えない分,態度で表現していたような」と語るようになっていたが,#10で,実家に帰った折に,

再留年になることをようやく親に話したことが報告された。「話したら，親から『もう大学をやめたら』と言われた。その夜，ひとりで考えた。やめようかとも考えたけど，やっぱり続けたい気持ちが強くて，それで次の日，これまでのことを親に話して『あと1年やらせてくれ』と頼んだ。そしたら親はOKしてくれた」と言う。親からは"いつもニコニコしていて急にそんなことを言われると心臓に悪い。少しずつ自分のことを言ってくれ"と言われたと笑う。「親に話せてホッとしました」とのことであった。また#11では，「親に言えたのは大きい。前はいろんな所で違う顔をして，自分が何人もいるかんじだった」と語った。

これまではClにとって，大学に通うことは自分の気持ちは抜きにして親の期待に合わせる面が大きかったわけであるが，このような過程を経て，それは自分で希望し，自分で選んだ道となった。大学に通うという行動自体はこれまでと何ら変わりはないが，そのことのClにとっての意味は，これまでとはずいぶん違うものになったと考えられる。

第3期　友人関係の拡大が見られた時期（#12～#19）

後期の授業が始まり，Clは授業に出席する生活に次第に慣れていった。生活リズムが安定するにつれて，過食が減り，体重が95キロから87キロまで減少したことも報告された。そして#14では，授業に出ても知った人は全くいないが「ひとりでいることを寂しいと感じなくなった。なんでだろう。負担になっていない」と語った。このような変化につれて，Thには，Clがそれまでの重荷から解放されて楽になるとともに，伸びやかな体験が可能になってきたことが感じられた。

その後，Clは授業で知り合った人と自然な対話をするようになっていった。そして年が明けると定期的なアルバイトを始めるようになり，そこでの人間関係が活発になっていった。2度留年していることなども正直に話せて，気兼ねのない人間関係が可能になっている様子であった。そして#19では，「友だちがいないと思っていたけど，高校の時からの友だちも何人かいる。見回してみたら，そんなにいないわけじゃない。今までどうして気づかな

かったんだろう。ちぢこまっていたというか」と語るようになった。そして「前は死ぬことばかり考えていた。今はそれを他人事のように話せる。客観的に見て、あの時は相当危なかったなーと思う」と当時を振り返った。

第3節　本事例の検討

1．本事例に見られた主体感覚の損なわれた体験

面接の開始当初、Clは授業への出席は困難であり、生活リズムが乱れて昼夜逆転状態であった。そして「自分のやりたいこと、考えていることがわから」ず、無気力感に圧倒され、「死にたい」気持ちが繰り返し襲ってくるような状態であった。つまり、Clはこのような苦痛な体験の反復に陥っていた。この体験は、面接が深まった#4で言語化されたように、感覚的には強い「重苦しさ」として感じられるようなものであった。Clが行う発散の方法は「食べること」であり、このために肥満も生じていた。

以上のようなClの体験は、①自分ではコントロールすることのできない圧倒されるような性質のものであった点、②同じような体験が反復する性質を持っていた点、③重苦しさとして感じられるような情緒的身体感覚的性質を伴っていた点において、主体感覚の損なわれた体験と言えるものであったと考えられる。

2．心理療法過程における主体感覚の賦活化

本事例におけるThのアプローチは、Clの語る話題に含まれたさまざまな体験のニュアンスを感じ取って応答することにより、それをClが十分に感じていけるように促すような作業、すなわち体験的応答を中心とするものであった。

第1期では、Clの語る話題の中心は、大学生活を続けるかやめるかという迷い、親に対する感情、現在の生活の中で感じている孤立感などであった。Thは、Clがそれらの気持ちを感じていけるように、それに応答し、焦点化

第3章 体験的応答により主体感覚が賦活された事例の検討　　　57

していった。そのような応答によって，Clは親を喜ばせるために期待に合わせてきたことや，大学入学後の無為の生活は親に対する反抗の気持ちから起こっている面もあることなどを言葉で語るようになった。

　続く#4では，「何をやっても楽しくない。感情自体がなくなったようなかんじで，何にも関心がない」と語るClに対して体験的応答を行っていくことによって，その背後に，「モヤモヤがずーっとある。うっとおしいかんじ。重苦しい，暗いかんじ。引き込まれそうな，めちゃめちゃ重苦しい」という強い感覚が存在することを，Clは感じ取ることができた。それは孤立感と関連したものであった。このようなかたちで，「直接のレファランス・概念化」が生じたのである。

　すると次の#5で，Clは「ここに来るのが楽しみになってきた。何でもしゃべれるから。こんな時間が全然なかった」と語った。そして，沈みがちだった気持ちが「最近は浮きたい気がしてきてる」と，Clの体験の情緒面に変化が生じつつあること，人間関係の乏しさが苦痛に感じられていることが「ここに来てはじめてわかった」というように，自己理解が進みつつあることが確認された。また行動面でも，これまでは困難だった授業への出席が可能になりはじめた。そして#6では，気持ちが楽になって「死にたい」と考えることも減ったことが報告された。これらの変化は，これまでのClが感じていた，自分でもわけのわからない体験に圧倒されるような感覚が急速に弱まってきていることを示している。このような点から，Clの体験の主体感覚が賦活されつつあることが確認できた。

　第2期になると，Clは大学生活を続けたいと明確に考えるようになった。そしてそれを親にどのように伝えるかが大きな課題となった。このため，面接では親に対して感じている感情の吟味が中心的な話題となった。そして#10で，再留年になることや大学生活を続けたいという希望を親に伝えることができたことが報告された。このような経過を経て，大学生活はClにとって，親の期待に添うことではなく，自分で希望し，自分で選んだものとなった。主体感覚が賦活されてきたことにより，Clは自分が今後どうしたいのかという自分の進路を自分で考え，それを再発見することが可能になっ

たと考えられる。

　第3期になると，Clの生活は安定したものになっていった。授業には継続して出席するようになり，昼夜逆転だった生活リズムも修正された。また「食うことでの発散」がなくなって，体重も減少した。友人関係についても，はじめは乏しかったのが，授業やアルバイトを通じて，次第に気兼ねのない友人関係が可能になっていった。

　ここで注目しておきたいのは，孤立感は，実際に友人関係が拡大するよりも前に，「ひとりでいることが負担にならない」という形で薄らいでいったという点である。つまり，Clにとって苦痛であったのは，重苦しさとして感じられるような孤立感の体験的な感覚であったと考えられる。このような様式の体験が減少することにより，Clは従来よりもはるかに自由に動けるようになった。そしてその結果，友人関係を実際に拡大していくことができたのである。

　以上のような心理療法面接による変化を図にすると，以下の図5のようになる。

---

① 体験的応答により，「直接のレファランス・概念化」が生じた。

↓

② 孤独感・孤立感に関連した重苦しい体験に圧倒されなくなった。
　（主体感覚の賦活化）

↓

③ 友人関係が拡大していった。

図5　事例Eの心理療法過程での変化

　心理療法過程において生じたClの主体感覚の賦活化を明確にすると，以下の3点をあげることができる。①体験の圧倒されるような性質が弱まり，Clは自分の体験に振り回されることが少なくなったこと。②無気力な気分で毎日を過ごし，死にたい気持ちが襲ってくるような，体験の常同的な反復傾向が少なくなったこと。③「重苦しさ」として感じられていた，体験に伴う強い情緒・身体感覚が軽減し，Clが「楽になった」と感じていること。こ

の3点である。

そして主体感覚が賦活されたことによる効果としては，①授業への出席，生活リズムの改善，肥満傾向の修正（食行動の修正）などの行動面の変化，②自分の進路の再発見，③親との関係の適正化（自分の感じていること，考えていることを率直に話せるようになったこと），④友人関係の拡大，の4点をあげることができるであろう。

第4節　主体感覚を賦活するアプローチとしての体験的応答の意義

1．事例Eに見られた臨床的事実

ここでは，体験的応答を行うことがいかにしてクライエントの体験の主体感覚を賦活することになるのかを，事例Eで得られた臨床的事実にもとづいて，検討していきたい。

事例Eにおいて注目すべきことは，以下のことである。#4で，セラピストの体験的応答により，クライエントは自分の体験の感覚的ニュアンスを「モヤモヤがずーっとある。うっとおしいかんじ。重苦しい，暗いかんじ。引き込まれそうな，めちゃめちゃ重苦しい」と途切れ途切れに言語化することができた。それは，大学生活における孤独感，孤立感と関連した体験の感覚であった。するとその後の面接で，彼は，「（大学の授業で）ひとりでいることを寂しいと感じなくなった。なんでだろう。負担になっていない」（#14）と語るようになった。そしてその後，アルバイトなどで友人関係が拡大するとともに，「友だちがいないと思っていたけど，高校の時からの友だちも何人かいる。見回してみたら，そんなにいないわけじゃない。今までどうして気づかなかったんだろう。ちぢこまっていたというか」（#19）と語られたのである。

このことから考えると，彼は友人関係が乏しいこと自体に苦しんでいたというよりも，その体験の感覚（重苦しいかんじ）に苦しんでいたと考えられる。そしてそれに気づくことによってそれが軽減していったと言うことがで

きる。その後，授業に出席したりアルバイトを始めたりするというような行動面の変化が起こり，実際の友人関係が拡大していったのである。
　さて，では面接の場における対話においてクライエントが自らの体験の感覚的ニュアンスを感じとり，それを言葉にしていくことは，いかにしてクライエントの主体感覚を賦活することになったのであろうか。

2．体験的応答はいかにして主体感覚を賦活するか

(1)「直接のレファランス・概念化」の効果

　ジェンドリン（Gendlin, 1964）の体験過程の理論によれば，心理療法で大事なことは，暗々裡に感じられているものに焦点を合わせていくことである。それに直接注意を向け，それがどんなかんじのものであるのかを吟味していく（直接のレファランス）と，それに導かれて，それにぴったりした言葉が表出されてくる。つまり，それまで暗々裡に感じられていた意味が，言葉によって概念化（conceptualize）され，明示的なものになるのである。そして概念化が生じることによって，クライエントの感じる体験の内容は変化していく（ジェンドリンの用語では「レファラントの移動」と言う）。このようなプロセスを，ジェンドリンは体験過程の推進（carrying forward）と呼んでいる。体験的応答は，このプロセスを促進する技法である（Gendlin, 1968）。
　前述した事例Eにおいては，セラピストの体験的応答により，このような「直接のレファランス・概念化」のプロセスが生じたと考えられる。すなわち，クライエントは自分が暗々裡に感じている体験の感覚に注意を向けることにより，それを明示的な意味としてとらえ，気づくことができたのである。その結果，クライエントは「重苦しい」かんじに振り回されたり圧倒されたりしなくなった。そのことが「負担になってない」と語るようになり，その後実際の友人関係も拡大していったのである。すなわち，「直接のレファランス・概念化」のプロセスは，クライエントの主体感覚を賦活する効果を持ったと言うことができる。

(2) クライエントとセラピストの相互作用

さて，ここでもう一点注目すべきことがある。それは，面接の場におけるクライエントとセラピストの相互作用である。もしも仮に，心理療法面接の場に来室しなくても，このクライエントが自分の内面に暗々裡に感じられているものに注意を向け，それを概念化していくことができたのであれば，彼はそもそも心理相談機関を訪れる必要はなかったと考えられる。しかし実際には，彼は自分一人ではそのようなプロセスを生み出すことができず，援助を求めて心理療法の場を訪れているのである。そして心理療法面接の場においてはじめて，このプロセスが生じている。すなわち，このクライエントはセラピスト（筆者）との人間関係を伴った相互作用の場を得たことによって，自分の感じていることに注意を向け，それをぴったりした言葉にしていくこと（直接のレファランス・概念化）が可能になったと言うことができる。

ジェンドリンの考えは，体験の変化を，クライエント個人の内的なプロセスとして理論化したものであった。しかし筆者は，そのような意味のある概念化が生じるためには，その基盤として，セラピストとクライエントとの相互作用が必要になるという点にもっと注目すべきであると考える。

セラピストとクライエントとの相互作用の観点から見ると，セラピストは主体感覚の保持された状態でクライエントに関わり，クライエントの体験の感覚を感じ取ろうとする姿勢で接している。クライエントは日常生活においてはずっとこの重苦しい感覚を伴った体験（主体感覚の損なわれた体験）の渦中にあり，それから逃れられずにいたわけであるが，セラピストと対話を行っている面接の場においては，セラピストに促されて，自分の内面に静穏に向きあい，それを言葉にしていくような体験を持つことができたのである。#1ですでに，クライエントは「話をしてすっきりした気がする」と語っている。すなわち，面接の場ではクライエントは，おそらく，日常での「重苦しい」感覚とはかなり異なる，もっと主体感覚の感じられる時間を持つことができていたと考えられる。

以上のように，体験的応答は，セラピストが主体感覚の保持された状態でクライエントの体験に関与するかたちで行われるものである。そしてそのこ

とは，クライエントが自分の内面に静穏に向き合うことを促す。つまり，セラピスト自身が主体感覚の保持された状態でクライエントの体験にかかわり，応答していくことによって，クライエントの自分自身の内面への向き合い方も変化し，クライエントの主体感覚が賦活されることになると考えられる。このように，「直接のレファランス・概念化」のプロセスが起こることよりも以前に，心理面接というセラピストとクライエントの相互作用の場が，日常生活の場とは異なる，主体感覚の賦活化につながる体験をクライエントに提供している。

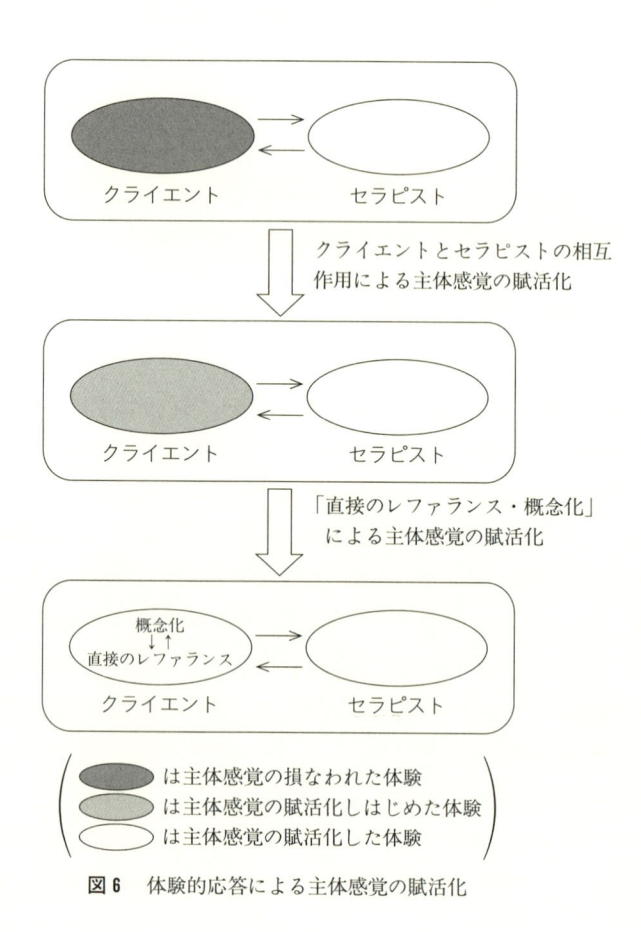

[図：3段階の図示。各段階は「クライエント」と「セラピスト」の楕円が矢印でつながれている]

クライエントとセラピストの相互作用による主体感覚の賦活化

「直接のレファランス・概念化」による主体感覚の賦活化

概念化
↓↑
直接のレファランス

■ は主体感覚の損なわれた体験
▨ は主体感覚の賦活化しはじめた体験
○ は主体感覚の賦活化した体験

図6　体験的応答による主体感覚の賦活化

そしてこのような，日常の場とは異なる，重苦しい情緒から離れた体験の場（面接の場）において，クライエントに前述した「直接のレファランス・概念化」のプロセスが生じたのである。それは，より一層クライエントの主体感覚を賦活する効果を持ったと言うことができる。

ここに述べてきたことを図に表わすと，図6のようになる。そこに示しているように，体験的応答は2つの意味で，主体感覚を賦活する効果を持っている。第1に，セラピストとクライエントとの相互作用において，セラピスト自身が主体感覚の保持された状態でクライエントにかかわることによって，クライエントの自分の内面への向き合い方に変化が起こり，主体感覚が賦活化することが期待される。第2に，それを基盤にしてクライエントに「直接のレファランス・概念化」のプロセスが生じることによって，クライエントの主体感覚は，より一層賦活化されると言うことができるのである。

（なお，筆者は主体感覚の賦活化の観点から見たとき，セラピストとクライエントとの相互作用は，ここに述べたことのほかにも重要な意義を有すると考えている。そのことについては，第8章第3節で論じることにする。）

この章では，事例Eの面接過程を素材にして，体験的応答がクライエントの体験の主体感覚を賦活する作用を果たすことを見てきた。本章で論じてきたように，ジェンドリンの「直接のレファランス・概念化」の理論と技法により体験に変化が生じる事例がたしかに存在することは事実である。しかし筆者は，それだけではなかなか体験に変化が起こらない事例も数多く経験してきた。そしてそのような事例に向き合うなかで，体験的応答とは異なるアプローチの方法を検討することになった。そこで，次の第4章から第6章においては，それらの事例を検討していくことにする。

第4章

体験的応答が十分な効果を持たない事例における
アプローチの原則

　本章では，慢性的に持続する主体感覚の損なわれた体験に苦しんでいたクライエントに対して，長期にわたる心理療法面接を行った結果，主体感覚の賦活化が見られた事例を報告する。

　本章で報告する事例Fにおいては，体験的応答は「直接のレファランス・概念化」を生み出したが，前の章に報告した事例Eとは違って，それはクライエントの主体感覚を十分に賦活する効果を持たなかった。そしてそればかりでなく，セラピスト自身の体験における主体感覚が希薄化する危機が生じた。このような事態に直面して，筆者はこのクライエントの体験に変化を及ぼすため，体験的応答とは異なるアプローチを実践することになった。

　筆者は，本事例の経験とその面接経過の検討から，体験的応答がクライエントの主体感覚を賦活する十分な効果を持たない場合もあることを確認するとともに，その場合に面接の場に起こる現象や，そこでセラピストが注目すべき点などについて，貴重な手掛かりを得ることができたと考えている。そこで，本章ではまず本事例の面接経過を具体的に記述し，その後に，主体感覚の観点から面接の過程を検討していくことにする。

第1節　事例Fの心理療法過程

　Cl は初回来談時18歳（大学1年生）の男性である。家族は，母親，きょうだい2人がいるが，大学入学後，一人暮らしをしている。入学して8ヵ月を経た時期に，心理相談の機関に来談した。筆者（Th）が話を聴くと，受験勉強をしている時期に手の指が気になって勉強に集中しにくかったことや，

人に自分がどう思われるかを気にしすぎて感情を表に出せないことを語る。高校生の時に父親が亡くなっているが，父親は人づきあいの不得意な人だったとのことで，自分も父親と同じようになってしまうのではないかという不安もあると言う。「そういう自分の性格を変えたい」とのことで，週1回の心理面接を行うことになった。

第1期　主体感覚の損なわれた体験が面接の場を覆った時期（#1～#73）

　Cl は痩せた体つきについて「体力で人に負けてしまう」と感じており，人に対していつも緊張したかんじがあり，それを変えたいと思って積極的に行動しようとするが「もがいているかんじ」でうまくいかないと語る（#7）。所属している運動部でも「おとなしいだけだとなめられる」と思うが，試合になると相手が強く見えて「びびって」しまい，実力が出せない（#13）。そしてひとりになると，自分が失敗したことを思い出し，「あれはまずかった」と繰り返し考える（#11）。運動部やアルバイトで緊張したりイライラした時も，「その時の気分が抜けなくて，ずっと続いてしまう」（#21）。このため自分の部屋でもくつろげず，また友人関係も乏しい。このような体験の反復に対して Cl がなんとかしようと行う方策は，明るい色の服を着たり，リラックスのためにアルコールを少し飲んだりすることであったが，どうにも不快な気分は抜けない状態であった。

　Cl は中学1年の頃にいじめを受けて以来，緊張感，警戒感を強く感じるようになったと言い，高校の時も気を許せる友だちはほとんどできず，勉強を戦いのようにやってきたと言う（#25）。家庭内では父親はむっつりしていてあまり会話のない家庭であったらしく，現在もたまに実家に帰ると少しリラックスすると言うが，母親とはそれほど会話はない。きょうだいとも中学の頃からあまり交流がない。父親については，亡くなった時のいきさつを語る中で，「もっとビシッとした頼りになる父さんだったらよかった」（#25）と言い，「恨む気持ちもある。気が小さくて，思ったことも言えなくて，苦労ばかりしていた」（#26）と語った。

　Th が Cl の安全感の乏しさを思い知らされたのは，次のような話からで

あった。#31でClは,「体重を増やそうと無理をして食べたが,下痢をしてしまった」と語り,「食堂で『これはオレのものだ』と思いながら食べたりするけど」と言う。Thはその意味がよくつかめず,それはどういうことかと聞くと,「出された食事が自分のものという気がしない」と言い,「公園は自分のためのものでもあるのだろうけど,公園にいてもそういうかんじがしない。風景を見ても,自分のものというかんじがしないので楽しめない」と語る。そして「自分はこの町の一員なんだけど,自分の場というかんじがしない」と語る。〈そしたら,この面接の時間も?〉と聞くと,「自分の時間というかんじは少ない。だからなかなか進まないのかなーと思ったりする」と言う。

そこで#32では,閉眼してそれを"からだのかんじ"として感じてみるように促した。これは「直接のレファランス」を促す,体験的応答の一環としてのアプローチであった。するとClは閉眼した状態で,「自分は人を警戒していて,いつも競争する気持ちがある。肩に力が入っている。いつやられるか,それを防御しているような。体が熱くなるような。そして腹のへんに,黒い油のようなヘドロのような,汚れたものがたまってしまう。それが体じゅうに蔓延してしまうような…」と語った。このような概念化が生じたのである。

しかし,その後の面接でも同じような苦痛な体験が語られ,常同的な体験の反復にはあまり変化がなかった。「直接のレファランス・概念化」のプロセスは生じたが,それは体験内容の変化にはつながらなかったのである。

Thは,Clには自分の気持ちを受けとめられる体験が乏しかったために心理的安全感を持ちにくく,そのため警戒心や競争心を持たざるをえなくなっていると感じ,それに変化を生み出すにはClの気持ちをひとつひとつ理解し受けとめるような長期にわたる人間関係を提供する必要があると感じていた。しかしそう思いながらも,話や表情に潤いが感じられず,強い感情も表明されず,毎回同じような話をして帰っていくClに対して手掛かりをつかみにくく,無力感や,やりきれない気分を感じていた。これはClが感じている,自分の体験にどうにも対処できない無力感ややりきれなさとかなり共

通した，同型的な体験であったと考えられる。

そんな中で，#43でClは，「前は『もっと友達を作らないといけない，だから作ろう』と頭で考えるかんじだったのが，これまでここ（心理面接）に来て，今は『自分はこんなに緊張している，これだと友達は作れないなー』と，自分のことだなあと思うようになった」と語った。以前は標語のように観念としてしか自分の問題を考えにくかったのが，心理療法を通じて，自分の体験のあり様をたしかな実感として感覚的に感じることが可能になってきたようであった。しかしその後の面接でも，同じような苦痛な体験が繰り返し語られ続けた。

第2期　体験に変化をもたらすアプローチがなされた時期（#74～#85）

面接を開始して1年9ヵ月が経過した頃，Clは長期休暇中に1週間にわたる自転車旅行を成し遂げたことを語った（#74・75）。それはClが「何もない休み期間になりそうだったから，それだと実家でもゆっくりできないと思って」と語ったように，ふだんの体験の繰り返しを変えようとする能動的な行動の試みであったと考えられるが，旅行の感想を聴くと，「髪はボサボサになるし，服はひどいし，罪悪感を持って逃げまわるかんじだった。疲れて人に会いたくない気分だった」と，いつもと同じような体験を語り，「自転車を借りた友達に土産を買う約束をしたから，義理で」旅行を続けたように言うばかりで，達成感や充足感は全くと言っていいほどThには伝わってこなかった。

Thは"これが彼に欠けているものだ"と強く感じ，〈自分でテーマを作ってそれを達成できたことは大変素晴らしいことだ〉と感情を込めて強調した。そして〈その分，家でゆっくりできた？〉と尋ねると，Clは「少しはそうだと思う」と言う。すると次の#76では，「最近，意外に集中して本が読める。少しだけど実感する」と語り，「旅行で気になる所はまわった。おもしろくはなかったけど，やるべきことはやったという気がする。あと足りないのは人間関係と勉強だと思う」と語った。

Clは同じような（主体感覚の損なわれた）体験の反復を打開するために，

第4章 体験的応答が十分な効果を持たない事例におけるアプローチの原則　69

これまでも部活, アルバイト, 旅行などさまざまな行動を試みていたが, 常に無力感, 無価値感がつきまとい, 達成感や充足感は体験されにくかった。そこでThはその後もClのひとつひとつの行動を取り上げて,〈これだけ君は努力しようとしている〉,〈これだけ君はできた〉と, Clの話を聴きながらこちらには感じられてくるそのような側面を強調して, Clに言語化して伝えることを心掛けた。#80でClは「自分は周囲を警戒している。僕が敵意を持ってるから, むこうが敵意を持ってるように思うような。今は『どうして敵意をこっちに向けてこないのか』と戸惑っているかんじ」と, 半ば涙ぐむように語り,「自分みたいな人間ばかりだったら, 人類はおしまいだと思う」と言う。〈でも君がそういう自分を変えたい, 人と親しくなりたいと思っているのはわかる気がする〉と言うと, Clは「はい。人にいやな思いをさせないように髪を短くしたり, 服も洗濯している。人が来てもいいように部屋を掃除したり」と言うので,〈人を受け入れたいと思ってるんだよね〉と伝えた。するとClは「言うかどうか迷っていたのだけど」と言いながら, 最近入院した病気の母親が生きられるのはあと数年と医者に言われたと泣きながら語った。このようになまの感情が表現されたのははじめてのことであった。母親の病気という不幸な出来事の話題を通じてであったのは残念ではあるが, 面接関係には, このような形で少しずつ, 潤いのある交流が増えていった。

　この頃から, Clが語る対人関係の話題のニュアンスからも以前のようなとげとげしさが減り, 柔らかい情緒が流れ始めた。「同級生のひとりが僕に仲良くしようと歩み寄ってるかんじ。最近僕を名前で呼ぶ。うれしいなーと思う。でも僕の方はやっぱり『君づけ』で呼んでいる。どこまで共有していいのかわからなくて苦しいような」と言う。そして「今, 僕のまわりはいじめもいびりもない世界。敵か味方かじゃなくて, 中間もある気がする。でも自分の方にゆとりがない」と語った (#83)。そして人への警戒心も「少しは減ってきてるかんじはする」(#84) と語られた。Clの発言にこのような変化が生じるとともに, 面接の場でのThの体験の感覚も, それまでの乾燥してひからびた感覚から, しっとりした潤いのある充実した感覚に変わって

いった。

第3期 再び体験的応答が中心となった時期（#86〜#144）

以上のような体験の変化が生じた後，Th のアプローチは再び体験的応答を中心としたものになっていった。それは，病気の母親に対する思いや，きょうだいへの思い，就職活動の最中の不安などについての彼の体験に応答していくものであった。

彼は病気で手術を受ける母親を見舞うために，暇を見つけて実家に帰るようになった。家での様子を聴きながら，Th は彼の家庭全体の潤いの乏しさを，改めて感じることになった。きょうだいはそれぞれ別々の生活であり，きょうだい間の交流はあまりない様子であった。身近で暮らしているきょうだいよりも，むしろ地元を離れている彼の方が，母親の看病に気を配っている様子もうかがわれた。

また，彼は大学4年生になり，面接の主な話題は就職活動の話になっていった。就職活動を行ううえで彼にとって問題になったのは，「自分にはこれがやりたいというものがない」（#105）ことであった。「これまでやらなきゃいけないことはやってきたけど，何を自分がしたいかは考えたことがないから，それを考えろと言われても難しい気がする」（#109）と語ったように，彼は自分の内面からの欲求で行動したことがあまりないために，就職活動を通じてそれを求められるのが大きな課題となったのであった。

以上のような話題について，Th は体験的応答を中心とした応答を行っていった。そのなかで，見知らぬ人に対する緊張感はあまり感じなくなったことが報告されたり（#111），手の指が気になるかんじが減ってきたことも語られるようになった（#115）。また体重が5キロ増えたことを報告して，「ここまで増えたことはない。いつの間にか肥えていた」と嬉しそうに語ったりするようになった（#122）。

#125 に Cl はどこかさっぱりした表情で現れ，母親の死を告げた。そして，「葬式の時にきょうだいの連携がなくて恥ずかしい気がした。以前からうちの家は近所と交際する社交性がなかった。両親のよくないところだけを受け

第4章　体験的応答が十分な効果を持たない事例におけるアプローチの原則　71

継いでいるかんじ。自分はこれから社会の方に目を向けていかないといけないと思う」と語った。次の#126では，Clは「もうすぐ友人が卒業していく。もう少しオープンにつきあえていたらよかったと思う。あと1ヵ月，仲良くやろうと思う」と言うので，Thが〈そりゃあいいことだねえ。まわりにオープンになりたいという方向に，君の気持ちがずいぶん変わった印象を持つけど〉と伝えると，Clは「親戚にも『ずいぶん変わった。びっくりした』と言われました」と言う。「高校を出る頃は，『この子はどうなるんだろう』と思っていたらしい。自分でも，人並みの感覚を身につけてきたかなーと思う。友だちがいないと寂しいとか，警戒心が薄れているような。普通の人の感覚が出てきたと思う。人間関係とか苦労してきたなあと思う」と語った。

　その後もClの人間関係を求める気持ちは深まっていった。そして#144には就職内定を得たことが報告された。「運もよかったし」と言うClに，〈いや，運もだけど君が努力したもの〉と言うと，Clも「そうですね」と素直に同意し，「ほっとしてます」と嬉しそうな笑顔を見せた。そして卒業により，心理療法は終結となった。

第2節　本事例の検討

1．本事例に見られた主体感覚の損なわれた体験

　心理療法を始めた頃，Clは人に対する緊張感やおびえて「びびる」かんじを変えたいと思い積極的に行動しようとするが，「もがいているかんじ」でうまくいかない（#7）状態であった。また緊張やイライラを感じると，「その時の気分が抜けなくてずっと続いて」（#21）しまい，このために自分の部屋でもくつろぐことができないでいた。後の#32でClが「腹に黒い油のような汚れたものがたまる」と表現した，不快な気分を伴う独特の体験にClの生活全体が汚染されていて，Clはそれに対して対処できない状態であった。このような体験をなんとかしようとClはアルコールを飲んだりするが，悪酔いするだけで気分は改善しなかった。つまり，Clが苦しんでい

たのは具体的な出来事や特定の人間関係ではなく，独特の体験についてであった。それは自分のコントロールを越えて慢性的に持続するものであり，それに対してClは無力な状態であった。Clはこのような主体感覚の損なわれた体験の反復に苦しんでいたのである。

本事例におけるClの主体感覚の損なわれた体験様式は，以下の3点に表れている。①この体験はClのコントロールを越えて持続するものであり，それに対してClは対処不能で無力な状態であった。②この体験は，Clの生活全体に蔓延し，繰り返し反復するものであった。③この体験は「肩に力が入る」，「体が熱くなる」などの身体感覚を伴うものであった。

2．心理療法過程における主体感覚の賦活化

第1期では，Clは面接の場において，主体感覚の損なわれた体験について繰り返し語り続けた。ThはClの体験の感覚を感じ取ってそれに応答（体験的応答）しようとしていったが，それを行っているThにも，次第にその体験のしんどさ，やりきれなさが重く感じられるようになった。#31で「自分はこの町の一員なんだけど，自分の場というかんじがしない」と語るClに対して，Thが〈そしたら，この面接の時間も？〉と聞くと，Clは「自分の時間というかんじは少ない。だからなかなか進まないのかな一と思ったりする」と答えた。このように，Thの行う体験的応答はClの体験にさほど大きな変化をもたらすことができない状態が続いていた。これに対してThは続く#32で，Clに，閉眼して自らの体験の感覚をからだのかんじとして感じてみるように促した。Thが行ったこのような働きかけは，Clに「直接のレファランス」を促すダイレクトなアプローチであった。するとClは，「自分は人を警戒していて，いつも競争する気持ちがある。肩に力が入っている。いつやられるか，それを防御しているような。体が熱くなるような。そして腹のへんに，黒い油のようなヘドロのような，汚れたものがたまってしまう」と語った。このような概念化が生じたのである。

しかしClの語る体験の内容は，これ以降もさほど変化がなかった。Clに「直接のレファランス・概念化」のプロセスは生じたが，それは主体感覚を

第4章 体験的応答が十分な効果を持たない事例におけるアプローチの原則　73

賦活することにはなかなか結びつかなかったのである。

　この第1期においてThが苦しめられたことが、もう一つあった。それはこのような面接が1年以上にわたって毎回続くなかで、Th自身が感じていた無力感であった。Thは面接が長期にわたって続いていながら、さほど効果は上がっていないことを心苦しく感じていた。しかしClの体験に変化をもたらすための手掛かりはなかなかつかめないため、なんとかしたいとは思いながらも無力感ややりきれない気分に陥りがちであり、この事例の面接に意欲を失って、同じような面接の平板な繰り返しに慣れてしまいそうになった。これは後になって考えれば、Clが慢性的に感じている、自分の体験にどうにも対処できない無力感ややりきれなさとかなり共通した体験であったと考えられる。つまり、Clの主体感覚の損なわれた体験の力が強く、Thの働きかけがなかなかそれに変化を及ぼすことができなかったために、Thの体験における主体感覚までもが希薄化しがちであったと考えられる。ClとThが同じような主体感覚の損なわれた体験様式に陥ってしまい、それによって面接の場が脅かされがちになっていたのである。この事例の面接を続けていくうえでは、Thはこのような自分の体験とも戦っていた。

　第2期において、ThはClの体験に変化を生み出すための手掛かりを発見した。それは、Clの語る出来事の中に暗に含まれているにもかかわらず、Clが自分の体験に組み込んでいきにくい側面に目を向け、それを言語化してClに返すことで、Clの体験に変化を生み出そうとする試みであった。そのきっかけは、＃74の自転車旅行の話題であった。これを聴きながらThに感じられてくるものと、Cl自身が感じていると思われる体験との間には大きなズレが感じられた。ひとりで長期の自転車旅行を行ったにもかかわらず、彼の話し振りからはそれを成し遂げた達成感は全く伝わってこなかったのである。

　Thは「これが彼に欠けているものだ」と強く感じ、Clの行動に含まれた積極的能動的な側面やそれを成し遂げた達成感など、Thに感じられてくることを強調して言葉にしていった。その手応えは当初はわずかであったが、しかしそれを繰り返すうちに次第に、面接での人間関係は潤いの感じられる

① 体験的応答により「直接のレファランス・概念化」は生じたが，それは主体感覚の賦活化にはなかなか結びつかなかった。
↓
② その局面で，セラピストの体験の主体感覚が希薄化し損なわれる危機が生じた。
↓
③ クライエントの体験には組み込まれにくい達成感・充足感を強調して伝えることを試みた。（＝体験の認知面へのアプローチ）
↓
④ クライエントの体験の主体感覚が賦活化した。
↓
⑤ 体験的応答が有効な方法となった。

図7　事例Fの心理療法過程での変化

ものになっていった。日常の人間関係についての話題にもやわらかい情緒が流れはじめ，それに伴って，人に対する警戒心が減ってきたことも報告された。Clは次第に，独特の不快な感覚を伴った主体感覚の乏しい体験から抜け出せるようになった。つまりこの段階になってようやく，Clの主体感覚が賦活化してきたことをThは感じることができたのである。

第3期ではThのアプローチは再び体験的応答を中心としたものになっていった。病気の母親への思いやきょうだいたちへの思い，また就職活動についてのClの思いなどについて，Thは彼の感じていることを受けとめ，彼がそれを言葉にすることを促すような応答を行っていったのである。そのなかで，見知らぬ人への緊張感を感じなくなったことや，手の指が気になるかんじが減ってきたことなどが報告された。また体重が増えたこともClの変化を示す重要な報告であった。

そしてClの社会生活は拡大していった。母親の病気と死去がその契機となったことは残念であるが，＃125で「自分はこれから社会に目を向けないといけない」と語ったように，Clは母親の死去をむしろ変化ないしは成長のための転機と感じたようであった。そして就職が決まり，卒業によって心

理療法は終結となった。

　以上のような心理療法過程を図にすると，図7のようになる。

　さて，以上のような面接過程を振り返って考えられることを，次に述べる。
　第1期において，ThはClの気持ちを自分の体験を通じて感じ取り，それをできるだけ言葉にして返していくような体験的応答を長期にわたって行っていった。それはClの主体感覚を簡単に賦活化しうるものではなく，反対にThの主体感覚が損なわれがちになったが，それでもThはその力に圧倒されずになんとか踏みとどまって，彼の気持ちを感じ取る努力を続けた。
　そしてその中で，第2期においてThが発見したアプローチの方策は，Clの体験にはなかなか組み込まれにくい達成感や充足感を，Thが言葉にしてClに返していく作業であった。Clは主体感覚の損なわれた体験の反復をなんとか打破するために，さまざまな行動を試みていた。運動部に入ったり，アルバイトをしたり，勉強に打ち込んだり，自転車旅行をしたり，などなどである。しかしいくら努力をしても，常に無力感，無価値感がつきまとっているため，Clは充実感を得ることができないでいた。Thがそれに対して，Clが努力している点や努力によって達成できたと感じられる点を言葉にして返していくことは，Clに大きな変化を生み出すことになった。
　それはなぜなのかを考えてみると，これはこのClが最も必要としていながら，これまでの人間関係からは得ることのできにくかった体験であったからであると考えられる。おそらく本Clはそれまで，気持ちを受けとめられることによって心が鎮まっていく体験や，自分の行動を肯定的に意味づけられることによって充実感を感じる体験は十分ではなかったと考えられる。このような，必要でありながら必ずしも十分には与えられなかった体験を，面接の場は少しずつClに提供していくことになった。Clの気持ちを受けとめてそれを鎮めるようなやりとりは，面接の全期間を通じて行われていたと考えられるし，肯定的な意味づけは第2期以降にかなり積極的に行われた。これらの体験が，次第にClの主体感覚を賦活していったと考えられる。特に，Clの体験にはなかなか組み込まれにくい達成感や充足感をThが言葉にし

てClに伝えていく作業は，認知的側面からClの体験に変化を生み出す有効なアプローチとなった。

本事例において主体感覚が賦活されていったことを示す臨床的変化として，以下の2点をあげることができるであろう。①緊張感，被圧迫感に圧倒されるような体験様式が軽減していったこと，②体験の常同的な反復傾向が減り，柔らかい情緒を伴った人間関係など，これまでとは質的に異なる体験が可能になったこと，である。

第3節　体験的応答が十分な効果を持たない場合のアプローチの諸原則

1．体験的応答の効果は事例によって異なる

本事例Fでは事例Eと違って，体験的応答はクライエントの主体感覚の賦活化になかなか結びつかなかった。体験的応答の一環として，#32ではダイレクトに「直接のレファランス」をねらって「からだのかんじ」を感じてみるような働きかけも行い，その結果「競争する気持ちもある。いつやられるか，防御している」などの概念化も生じた。しかしその後も常同的な体験の反復にはあまり変化が起こらず，主体感覚の損なわれた体験が続いたのである。

このように，「直接のレファランス・概念化」が起こっても，それが主体感覚の賦活化にはなかなか結びつかない事例が存在すると考えられる。本事例Fのクライエントの場合，事例Eと違って主体感覚の損なわれた体験はかなり長期的慢性的に続いてきたものであり，相当に根強い力を持ったものであったと考えられる。このため，セラピストが体験的応答を中心としたアプローチを行っても，それを緩和することは容易ではなかったと言うことができるであろう。

前にも述べたように，ジェンドリンの体験過程療法の理論・技法は，クライエントが自らの感じている暗々裡の体験の感覚に直接注意を向けること

(直接のレファランス)により,それをぴったりとした言葉にしていく(概念化)ことで,体験に変化が生じることを軸にしたものである。第3章に述べた事例Eのように,たしかにそのことが十分あてはまる臨床事例を確認することはできる。しかし,それが必ずしもあらゆる事例における変化を説明すると言うことはできない。本事例Fのように,「直接のレファランス・概念化」が起こっても,それが体験の変化になかなかつながりにくい事例が存在することも事実であると言わなければならない。

2. セラピスト自身の体験の主体感覚の希薄化とその賦活化の重要性

本事例Fのように,クライエントの主体感覚の損なわれた体験の力が強く,体験的応答を継続して行ってもなかなかクライエントの体験に変化が現れない場合は,セラピスト自身の体験の主体感覚が希薄化して損なわれがちである。それは具体的には,面接中にセラピストが強い情緒(例えば,不快な気分,苛立ちなど)の虜になってそこから抜け出しにくくなったり,クライエントへの関わりについて考える際の発想の自由度が乏しくなって決まり切った働きかけの反復に陥ったり,そのクライエントとの心理療法について無力感に襲われてセラピストとして無力化させられてしまったりする,というようなかたちで起こる。

本事例においては第1期で,セラピスト自身が重くやりきれない気分や無力感に襲われるかたちで,これが生じた。クライエントの主体感覚の損なわれた体験を面接場面で取り扱っていると,それは面接における人間関係の中にも持ち込まれ,セラピストにもそれと同じような体験が起こりがちな傾向がある。

このことは臨床的には必ずしも不適切とは言えないかもしれない。心理療法は,クライエントの体験にセラピストが近づき,クライエントの困難さをセラピストが自分自身の困難さとして,身をもって体験するところから出発すると言うこともできるからである。

しかし,セラピストがその状態に陥ったままになり,そこから抜け出せなくなってしまったのでは,セラピストとしての機能は果たせないことになる。

このような場合にまず必要なことは、セラピストがその事例の面接の場において自分自身の体験の主体感覚が損なわれていることに気づき、それを賦活して回復することである。すなわち、面接の場での自分自身の体験の自律性を取り戻し、新鮮な発想や新たな着眼点を発見していけるような心の状態を回復することである。クライエントに対する具体的な働きかけは、セラピスト自身の主体感覚が賦活されていなければ、適切な方策として結実しにくいと考えられる。

そのためには、セラピスト自身の「直接のレファランス・概念化」の能力が必要になるのではないだろうか。つまり、セラピストがそのクライエントとの面接の場における自分自身の体験に直接注意を向け、その体験の感覚を感じとって言葉にしていける能力である[1]。筆者はここで、セラピストが自分自身の体験の感覚を感じとれること自体を重視したい。そのことが、セラピストの体験の主体感覚を賦活し、その事例の特質に応じた新しいアプローチを生み出すための基礎条件になると考えるからである。

ここに述べたことを図示すると、図8のようになると考えられる。この図は、第3章に示した図6（62ページ）ときわめて類似していることに気づくであろう。図6と図8では、上段に描かれた図は全く同じものである。すなわち、主体感覚の損なわれた体験の状態にあるクライエントと、主体感覚の保持された体験の状態にあるセラピストとの間の相互作用が描かれている。しかし図6では相互作用によってクライエントの体験の主体感覚が賦活化する方向で変化が生じているのに対して、図8では同じ相互作用によって、セラピストの体験の主体感覚が損なわれる方向に変化が起こっている。このように、心理療法面接の場では両者の相互作用によって、いずれか勢力の強い方の体験様式が、もう一方の体験様式に影響を及ぼすことになるのである。

そして図8のような、クライエントの体験様式の力が優勢で、その力に

---

1) セラピストが感じ取ったセラピスト自身の面接の場の体験内容をクライエントに言語化して伝えるかどうかは、臨床技法論として、また別に検討すべき問題である。ここで筆者が強調しているのは、そのことではなく、セラピスト自身の体験の主体感覚が賦活されていることが不可欠だという点にある。

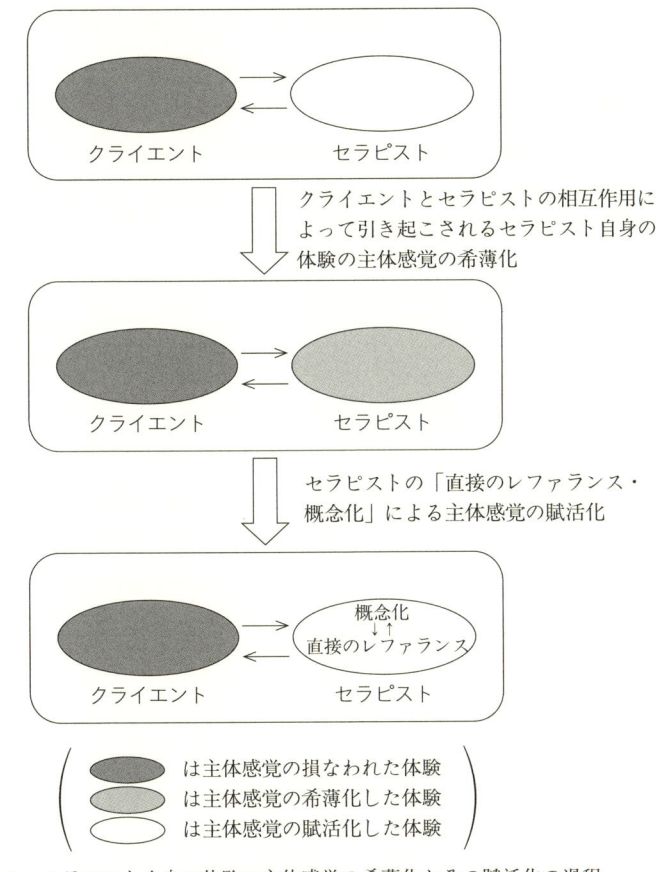

図8 セラピスト自身の体験の主体感覚の希薄化とその賦活化の過程

よってセラピストの体験の主体感覚が損なわれがちになるような局面においては，セラピストの側の「直接のレファランス・概念化」の能力が試されることになると言うことができるであろう。このことについては，次の第5章および第11章第1節で，再度論じることにしたい。

3．常同的に反復する体験に変化を生み出すアプローチの必要性

　主体感覚の損なわれた体験においては，同じような内容の体験が常同的に反復する傾向がある。「直接のレファランス・概念化」が生じても主体感覚

がなかなか賦活されにくい事例の場合には，常同的に反復する体験に焦点をあてたアプローチを行わなければ，変化は起こりにくいと考えられる。

心理療法面接の場においては，セラピストはクライエントとの相互作用によって，常に新たな「面接の場の体験」を創り出すことが可能である。セラピストはクライエントの体験の反復傾向に注目し，それに能動的に働きかけていく必要がある。

本事例Fにおいては，第2期においてそのようなアプローチがなされた。セラピストの発見したアプローチは，クライエント自身の体験からは排除されてしまい，体験に組み込まれにくいが，クライエントの語る話題を傾聴しているセラピストには感じられてくる達成感や充足感を，言葉にしてクライエントに伝えていくことであった。本クライエントはさまざまな行動を行うものの，それを体験として意味づけるさいに，達成感や充足感として意味づけることができないために，主体感覚の損なわれた体験が繰り返されていた。そのことにセラピストは気づいたので，そこに焦点をあてて達成感や充足感をセラピストの方から言語化することにより，クライエントの認知的な意味づけに変化を与えるアプローチを行ったのである。このように，本事例では，クライエントの体験の認知的側面に注目し，意味づけの仕方に変化を生み出す方向でのアプローチが有効であった。

このようなアプローチは，クライエントの体験の認知的側面に働きかけてその側面に変化を生み出すことをねらったものであったが，それはクライエントの体験の他の側面にも変化を及ぼすことになった。それまでは，本事例の面接はセラピストに乾燥してひからびた感覚を感じさせるものであったのが，クライエントとセラピストの間に少しずつ潤いのある交流が増えていった。さらに，クライエントの語る友人関係の話題のニュアンスからも，とげとげしさが減って柔らかい情緒が流れはじめたのである。このように認知的側面からのアプローチがクライエントの体験の情緒面にも変化を生み出すことになった。さらに，はっきりと言語化はされなかったが，おそらくはクライエントの体験の身体感覚的側面にも，慢性的な緊張感の軽減などの変化が生じていたと考えられる。それはクライエントが，見知らぬ人に対する緊張

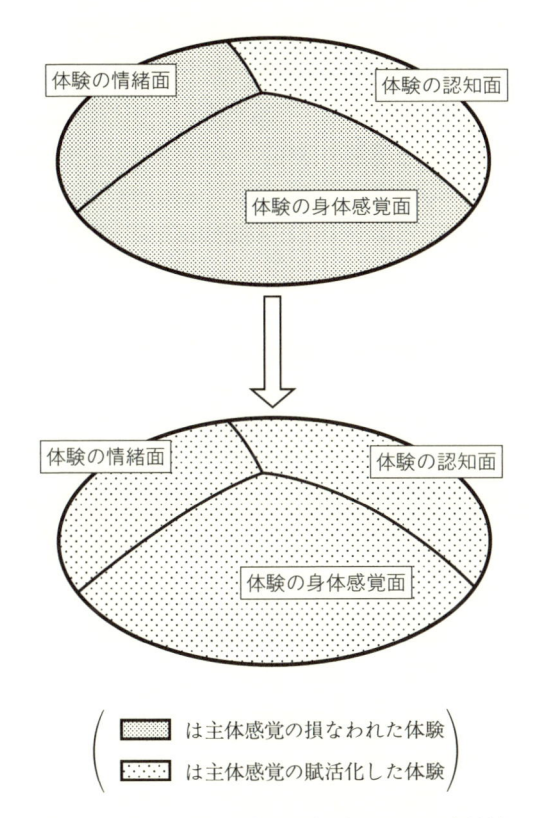

第 4 章 体験的応答が十分な効果を持たない事例におけるアプローチの原則 81

図 9 体験の一側面の変化が他の側面に及ぼす効果

（■ は主体感覚の損なわれた体験
　░ は主体感覚の賦活化した体験）

感を感じなくなったこと，手の指が気になるかんじが減ってきたこと，さらに体重が増えたことなどを報告していることから推測されるものである。

　以上のような変化の過程を図示したのが，図9である。この図では，序論に示した体験の3側面を表す図（図2）を縦向きにして，体験の一側面（ここでは認知的側面）に生じた変化が他の側面にも変化を生み出す過程を表している。体験の一側面に生じた変化は，このような形で他の側面にも広がっていくと考えられる。

　筆者は，それぞれの事例の特徴に応じて検討するなかで，体験を構成する3つの側面（認知面，情緒面，身体感覚面）のいずれかに焦点をあててアプ

ローチを行うことの有効性を見いだしてきた。体験を構成する3つの側面のいずれかに変化が起こると、それは体験の他の側面にも変化を生み出し、その結果、体験の常同的な反復傾向が軽減することが確認できるのである。

本章で述べた事例Fでは体験の認知面へのアプローチが有効であったが、次の第5章では体験の情緒面にアプローチした事例を、そして第6章では体験の身体感覚面にアプローチした事例を報告し、そのことについて論じていくことにする。

4．体験に変化が生じた後の体験的応答の有効性

上に述べたようなアプローチによって、それまでの常同的反復的な体験に変化が生み出され、これまでとは異なる新たな内容の体験が語られるようになった局面では、体験的応答は有効な方法となる。体験的応答によって「直接のレファランス・概念化」を生み出すことで、主体感覚をいっそう賦活化していくことが可能になるのである。

主体感覚の損なわれた体験の常同的な反復が根強く続いている局面においては、体験的応答だけでそれに変化を及ぼすことは難しい。しかし、それに変化が起こって常同的反復傾向が軽減してくると、これまでとは異なる内容のさまざまなニュアンスの多様な体験が可能になってくる。それを丁寧に感じとり、概念化していくのを促進する方法として、体験的応答は有効な方法となるのである。

つまり本章に示したような、体験の常同的反復傾向が強い事例においても、その局面に至ると、前の第3章で述べた事例Eと同じように、アプローチの中心に体験的応答を据えたかたちで、心理療法を進めていくことが可能になると言うことができる。

第 5 章

体験の情緒面へのアプローチが
有効であった事例の検討

　前の第4章で，体験的応答が十分な効果を持たない場合のアプローチの諸原則を4点述べた。この4点のうちの3点目の，体験の常同的反復傾向に変化を生み出すアプローチとして，前章に述べた事例Fにおいては，クライエントの体験の認知面に注目し，意味づけの仕方の偏りを修正するアプローチが有効であった。しかし事例によっては，体験の認知面ではなく，情緒面や身体感覚面へのアプローチが有効な場合もある。

　さまざまな事例に見られる主体感覚の損なわれた体験を検討すると，体験の認知的な側面だけでなく，情緒的な側面，身体感覚的な側面においても固定した構造ができあがってしまっており，それが主体感覚の損なわれた体験を作り出し，反復させるオーガナイザーのような役割を果たしている面があると考えられる。そのような事例においては，その側面に着目してアプローチを行い，それを和らげることが，クライエントに生じている常同的反復傾向をもった体験に変化を生み出す糸口となる。

　そこで本章では，体験の情緒面にアプローチすることが有効であった事例Gを取り上げて検討を行う。なお，体験の身体感覚面へのアプローチが中心になった事例は，次の第6章で取り上げることにする。

第1節　体験の情緒面への着目

　筆者がクライエントの体験の情緒面にアプローチする必要を感じたのは，自責的な傾向の強いクライエントとの心理療法経験においてであった（吉良，1994 a）。自責的な傾向をもつクライエントの体験のあり方を観察している

と，体験の認知面（対人関係の受けとめ方や自分についての見方）と情緒面とに固定した結びつきが見られることに気づく。このような人たちは認知面では，多くの対人関係を「他者に非難され拒否されている」と体験しがちであり，それは自分に対する否定的な見方，低い自己評価とセットになっている。そしてそのような認知だけではなく，そこには，自責感という不快だが払拭しがたい情緒が分かちがたく結びついて随伴しているのである。

　元来，私たちの体験世界には種々多様なニュアンスの対人関係が存在し，それに対応して様々な情緒が体験されているはずであるが，このような人たちの体験世界においては，肥大した不快な情緒が他の情緒を圧倒して広汎な体験領域に広がっている。このため，そのような情緒に引きずられて，対人関係が偏って認知され，自己イメージも固定したものになる傾向があるように思われる。そしてこれは，心理療法面接におけるセラピスト－クライエント関係においても反復されやすい。

　このような人たちと心理療法を行う場合，セラピストがクライエントに対して中立的な態度で応答していったとしても，クライエントはそれを「責められている」，「非難されている」と感じやすく，セラピストの働きかけは無効にされがちである。そしてそれが繰り返されると，セラピストの方が不快感を感じてしまい，クライエントを本当に責めたいような気分に陥ってしまうことがある。しかし，それがそのまま面接関係に持ち込まれると，クライエントの偏った認知が現実のものとして実現され，クライエントの常同的な体験が，ここでも反復されてしまうことになる。

　このような反復を断ち切るための一手段として，筆者は，クライエントの体験に特徴的な情緒に注目し，面接の場に，パターン化した不快な情緒とは異なる，よりやわらかい情緒が醸し出されることをねらうアプローチを試みた。自責的なクライエントの場合，特に，面接の場に「笑い」が生じることに注目したい。くつろいだ雰囲気で即興的に生じる笑いは，体験の常同的反復傾向をゆるめ，豊かな連想や行動への活力を生み出すことにつながると考えられるからである。

　次の節では，そのようなアプローチを行った事例Ｇの心理療法の過程を報

告する。

第2節　事例Gの心理療法過程

　本事例は，18歳（予備校生）の女性である。医療機関を受診し，筆者が心理療法を担当したものである。医師の診断は「神経症。対人接触困難感より抑うつ気分を呈した状態」であった。投薬は行われず，週1回60分の心理療法のみを行った。主訴は「人づきあいが悪い。性格がだんだん暗くなっていくからそれを変えたい。明るくなりたい」ということであった。
　彼女は，ある出来事を契機に，小学校高学年の頃から対人関係を被害的に感じるようになったと言う。人が陰で「性格が悪い」と自分の悪口を言っているように感じてしまい，中学・高校では気持ちを抑えて自分からは話さなくなり，友人が作れず，消極的になった。そして来談時には，予備校も休みがちになっていた。人とつきあえないことに加え，大学に行きたいのか何をしたいのかつかめないことが悩みであり，「人の意見に左右されて自分で決めたことがない」と言う。抑うつ気分に加えて，過食行動も見られた。

第1期　自責的発言が繰り返され体験的応答は無効であった時期（#1〜#7）

　面接開始当初，Clは現在の生活や人間関係などについて，人が自分を陰で悪く言っている気がしてつきあえないこと，大学に行きたいのか何をしたいのかつかめないこと，人の意見に左右されて自分で決めたことがないことなどを語るが，その中に「自分は甘えてる，わがまま」，「こういう自分は嫌い」（#2・3）などの自責的発言がすぐに混じって話は寸断され，面接中，感じていることを自由に話すことが困難な状態であり，そのことに苦しんでいる様子であった。
　ThはClの発言に含まれた体験の感覚を言葉にして返すような応答（体験的応答）を行うつもりで話を聴いていった。しかし，Clは非常に話しにくそうで，話が途中で止まり，「高校生の時も，黙ってると何か話さなきゃと思ったりした」と言う。Thという他者の存在が気になり，自分の内面に

静穏に目を向けることは難しい状態のようであった。そこで Th は，Cl が他者に対して感じる（そして Th に対しても感じる）体験の感覚を言葉にして返そうとした。例えば #3 で，「ここ（面接室）でしゃべってても暗いかんじでしゃべりにくいというか。話したいことはあっても，常識から言ったら良くないことだなーとか思うし，相手に拒否されそうで黙ってしまうし」と黙り込んでしまう Cl に対して，Th は〈ここで話しにくいのは，ここだけのことじゃなくて，自分が思ったことや話したいことを話すと，相手から拒否されるんじゃないかとかの気持ちが湧いてきやすいのかな？〉と応答した。しかし Cl は「というか何か，人の意見に振り回されるというか…」と暗い表情には変化が見られなかった。また同じ #3 で，Cl が「自分は，この人は嫌い，とかすぐに決めつける。わがままだなーと思う」と言うのに対して，〈自分で自分を非難する面もあるの？〉と伝えても内的視点の変更にはつながらず，「とっても甘えてる。そんな自分が嫌だから，しゃべらない方がいいんじゃないかと思ったり」と，同じような自責的な内容の反復に陥る状態であった。そして，〈ここで話すことにも抵抗があるのだろうね〉には「こいつは嫌な人だと思われそう」と語り，自責感，抑うつ感は不変であった。過食も続いていた。Cl の語る事柄は常同的な体験内容の堂々巡りであり，そこには抑うつ的な情緒が蔓延しており，Th の行う応答は，それに変化を与えることができなかった。Cl の苦しさは伝わってくるのだが，それに対して Th は援助的な働きかけを見つけにくい状態が続いた。

　以上のように，Cl は自分の内面に目を向けたとしても，それは自分が感じている体験の感覚を確かめたり探索したりするようなものではなく，自分を嫌悪したり責めたりすることになってしまいがちであった。「直接のレファランス」という体験の感覚に耳を傾けてそのニュアンスを確かめていく作業が行われるためには，内面に静穏に向き合うような態度を必要とする。しかし Cl は内面に目を向ける際にも自責的な激しい情緒が伴ってしまうためにそれができず，自己否定的な発言が繰り返された。Th の行う体験的応答はほとんど無効であり，Cl に「直接のレファランス・概念化」のプロセスを生み出すことができなかった。

第5章　体験の情緒面へのアプローチが有効であった事例の検討　　　　87

#5ではThが〈聞いていると＊＊＊するねえ，気持ちを自由に話せないのはつらかろうねえ〉と言うと「自分でもこんな話し方は嫌」と言う。（「＊＊＊する」という言葉はこの地域の方言である。プライバシー保護のため，以後このような表現とする。Thは「＊＊＊する」という方言を「じりじりする」という程度の意味で使ったのだが，この方言にはもっと直接相手を非難するニュアンスがあることを後で知った。）すると次の#6ではそれまでと違ってよくしゃべるのだが，終わりぎわにそれを話題にすると「＊＊＊すると言われて今日はしゃべろうと思った」と言う。つまりそれは自由な連想ではなく，非難されないためのおしゃべりであったことが判明した。#7では「『またこの人来たの？』と先生に思われそう」と言う。しかしThはClの体験に変化を与えるようなインパクトのある応答ができなかった。

　このように第1期では，Thの体験的応答はClの体験に何ら意味のある変化をもたらすことができなかった。Clは同じような苦痛な体験を語り続け，Thには焦りとも苛立ちとも感じられるような感情が強くなっていった。それはClに対して援助的な働きかけのできない自分自身に対する焦りとも，独り相撲に陥ってしまっているClに対する焦りとも判別のつかないような気分であった。そしてClは，次の予約日は連絡なしに来室しなかった。

第2期　面接の場に遊びの雰囲気を取り入れることで笑いが生まれた時期 (#8～#10)

　ここに至ってThは追い込まれた気分に駆られ，Clの体験に変化をもたらすような方策が緊急に必要と感じた。翌週の面接（#8）にはClは来室した。このことは，Clが自らの問題に取り組んで，それをなんとかしたいと考えていることのあらわれとThには感じられた。Thは#8の対話の中で〈治療が役立たなくてごめんね。治すのは僕の仕事なのにね〉と伝えた。これは，Thが自責的な発言を行うことで，Clの自責感を軽減しようとする試みであった。Clは「そんなことないけど」と言いながらも，このセッションではそれまでより言語化がスムーズに進み，ある場での不快感（攻撃的な気分）を誰にも話さなかったら「ごちゃごちゃ」して過食が生じたというよ

うな、これまでは語られなかった体験が語られた。ThはClの常同的な体験の仕方に変化を与えるような関わり方が、このClの変化につながりそうだという手応えを感じた。また#9では、#8の面接のあと数日は気分がよかったことが報告されたことも、この手応えを裏付けるものであった。

このような判断にもとづいて、#9ではClのクセ（自責感）に名前をつける形で言葉遊びに誘導した。これはClの堅い窮屈な体験に対して、じゃれてほぐすようなニュアンスで応答する試みであった。Clは名前として、即座に「自意識過剰！」と自分を非難するように言うが、Thは〈もっと可愛い言葉はないの？〉と応じ、「ぐじゅぐじゅはきらい、サバサバがいい」などの言葉を引き出してメモ用紙に書いて示すことにより、遊びの雰囲気を作るように努めた。またClの自責的な言葉をおおげさに反復したりもした。ThがClに笑われる立場（面接室が汚れているとClが笑う）になることも起こった。

#10では、Clの状態を比喩で表現してイメージ遊びに導いた。人の評価を気にして閉じこもるClをThが〈マユの中〉と表現すると、Clは「『土の中の種』の方がぴったりする。根っこだけ伸びて葉っぱが出ない」と乗って話し始めたので、〈お、そっちの方がいいね〉と言うと、Clは「根っこは同じ所でグルグルまわってる」と笑い出す。Clの表情には笑顔が出始め、「悪口を言うのはいけないことだと思ってるけど、わからなくなって。たまには言ってもいいのかなあ。ユーモアにしてもいいし。悪口を言うのは気分転換の上手な人かもしれないな」と語った。それに対してThが〈もし『悪口を言ったらいけない』という法律のある国があったら？〉と応じると、Clは「結局何もしゃべったらいけなくなる。アホくさい」と笑い出した。Clはこれまで、人に対する否定的感情を表現することを抑えてしまっていたが、それをユーモアとしてうまく表現する方法もあるという考えが浮かぶようになったのである。

このように、Thは面接の場の体験（特に情緒的側面）に着目し、じゃれてほぐすような関わり、言葉遊びなどにより、面接の場に遊びの雰囲気が生まれるように関わった。するとClの面接中の表情が和らぎ、自責的発言は

減少し，笑いが生じるようになった。それにつれて，面接の場で感じられるThの体験の感覚も，それまでの固い感覚から柔らかい感覚に変化し，伸びやかなものになっていった。

第3期　日常場面での自責的な体験が減少した時期（#11〜#21）

この頃から過食の症状は減少し始めた。そして#11では，親は教材なら何でも買ってくれたが自分はそれを十分生かすことができず，親の期待も感じて負担に思っていたこと，自分は自力では何もできないと感じていることが語られた。また#12では将来の方向性が定まらないイライラが過食につながることも語った。このように，Clは以前よりはるかにまとまりのある内省が可能になると同時に，悩みは人間関係のことから将来の進路へと変わっていった。そしてアルバイトを探し始めた。#15では「あんな人になりたいなあと思う人が2人いる」と，自己像形成のためのモデルらしき人物の話題が登場しはじめ，また心理面接を始めて「やけ食い（過食）をしなくなったし，ぐるぐる考えなくなった」と語った。

次第にThへのいたずらめいた，からかうような発言も可能になってきた。#15で「自分の力でやりたい」と終結の話題を持ち出す（これは面接への抵抗というよりも，両親との間では体験できにくい自立への動きであるとThには感じられた）一方で「現実に触れるのが恐い」と語るため，〈現実に触れてやれそうになってきたら終わりにしよう〉と伝えていたら，#18では「先生がああ言ったのは給料が減るからだと思った」と言う。後には「先生の面接は可もなく不可もなくがぴったり」とも言う。このように，ClはThにうちとけた言葉づかいで揶揄，からかいを表現するようになった。以前は人への非難めいた発言がほとんど全くできず，それが内に向かってしまい自責的になっていたClがこのような表現をすることに，Thは新鮮な楽しさや遊びの雰囲気を感じて，Clに会うことが楽しみになっていった。

また，対人関係においては「地獄耳かもしれない」と語り，〈人から悪く言われることだけ聞こえてしまう？〉と応答すると「そう。天国耳っていう言葉はないねえ」（#18）と，Cl自ら言葉遊びを行う形で，認知の偏りを内

省することが可能になってきた。そして#19では、アルバイトを始めたことが報告された。Clは職場で「人に嫌われてるんじゃないかと先取りして考えてきつくなる」と言う一方、「帰って母親にグチを言ったり、紙に書くことで気持ちを整理できる」と、自分の感情に対処する方策を自ら作り出そうとする試みが見られた。そして#21では、アルバイト先での人間関係について「実際に嫌われているより思い込みの方が多そう」と語るようになった。

その後、心理療法面接はThの転勤で終結となったが、翌年の春に、Clから大学に入学したという連絡を受けた。

第3節　本事例の検討

1．本事例に見られた主体感覚の損なわれた体験

面接開始当初、Clは「自分は甘えている」、「わがまま」というような自責的な発言に終始していた。そして面接中はあたかも2人の人物がいるように、ある事柄について語り始めてもすぐに、そのように語っている自分を非難するような発言が口をつき、そのために黙り込んでしまうような状態が観察された。

このようなClの体験は、主体感覚の損なわれたものであった。それは以下の3点に現れている。①Clはこのような自責的な体験に支配され、振り回されており、それに対して対処できない状態に陥っていた。②また、この自責的な体験は常同的に反復され、そのような体験内容にばかり注意が集中する状態が生じていた。③そしてそれには強い情緒（抑うつ感）が伴っていた。Clはこのような主体感覚の損なわれた体験に苦しんでいたのである。

2．心理療法過程における主体感覚の賦活化

第1期では、Thは体験的応答を中心にしてClに関わろうとした。しかしそのような応答は、上述したようなClの体験に何ら変化をもたらすこと

ができず，Cl は主体感覚の損なわれた体験の反復に陥ったままであった。

このような事態は Th の体験にも影響を及ぼすことになった。Th は自分に対するものとも Cl に対するものとも判別できないような焦りや苛立ちに襲われるようになった。これは，Cl の感じている自責的感情と似通った体験であったと考えられる。つまり，第 4 章に述べた事例 F の場合と同じように，Cl の体験が Th の体験にも影響を及ぼし，Th の体験の主体感覚が希薄化し，両者がともに同じような主体感覚の損なわれた体験様式に陥りがちになっていたと考えられる。

第 2 期では，Cl が連絡なしに面接に来なかったことから，Th は面接が中断しかねない危機に直面していると感じ，何らかの形でこれまでとは異なるアプローチを緊急に行う必要があると強く感じた。そして，Cl の常同的な体験の仕方に変化を与えるようなアプローチを試みた。すなわち，Cl の特徴である堅い窮屈な体験の仕方に含まれた情緒的な側面に注目し，それとは拮抗するような柔らかいくつろいだ情緒を面接の場に生み出すような試みであった。

具体的には，Th が Cl よりも低い立場をとるような発言をしたり，Cl のクセ（自責感）に名前をつける形での言葉遊びを行ったり，比喩を用いて対話を行ったりすることにより，遊びの雰囲気を面接の場に生み出し，Cl にとって苦痛で重苦しい内容の話題を，これまでとはかなり異なる柔らかい情緒的雰囲気で取り扱うように心がけたのである。

このようなアプローチによって，Cl の表情には大きな変化が起こった。面接の場に笑いが生まれるようになり，発言は自由で伸びやかなものになっていった。それとともに，「悪口を言うのは気分転換の上手な人かもしれないな」というような，これまでとはかなり異なる見方を述べるようにもなった。このように，Cl は面接の場で，主体感覚の損なわれた体験の反復から抜け出すことが可能になった。

第 3 期になると，日常生活における体験の変化が報告されるようになった。過食の症状が軽減するとともに，「ぐるぐる考えなくなった」と，日常生活においても自責的な体験の反復が急速に減ったことが報告された。そしてそ

れと同時に，アルバイトを始めるなどの社会生活の拡大が起こった。この時期になると，Thの体験的応答は有効な方法となった。Clによって新たに語られるようになった事柄について体験的応答を行っていくことにより，Clが体験のニュアンスを丁寧に感じ取り概念化することを促進することができた。

面接の場では，Thに対してうちとけた言葉づかいで揶揄，からかいを表現するような発言が見られたが，それとともに，「地獄耳かもしれない」とか「実際に嫌われているより思い込みの方が多そう」というような，自分の体験の認知的な偏りについての気づきと言えるような発言もなされるようになった。そして終結となった。

このような心理療法過程を図にすると，図10のようになる。

この事例においては，主体感覚の賦活化は，具体的には以下のような変化として確認できる。①自責的な体験に振り回されることが少なくなり，自分の体験をある程度コントロールできるようになったこと。②対人関係などにおける常同的な体験内容の繰り返しから抜け出せるようになったこと。③体験に随伴していた強い抑うつ的情緒が減少したこと。以上の3点である。

---

① 体験的応答は全く無効で，「直接のレファランス・概念化」は生じなかった。
↓
② その局面で，セラピストの体験の主体感覚が希薄化し損なわれる危機が生じた。
↓
③ 面接の場に遊びの雰囲気を導入することにより，クライエントの体験の情緒面に変化が起こり，笑いが生まれた。（＝体験の情緒面へのアプローチ）
↓
④ 自責的発言の常同的反復が急速に減少した。（＝主体感覚の賦活化）
↓
⑤ 「気づき」が発生した。（「地獄耳かもしれない」）

図10 事例Gの心理療法過程での変化

このような体験の変化が起こった結果，過食症状が軽減し，社会生活が拡大するとともに，これまでの自分の体験の認知的な偏りについての気づきも起こってきたと考えられる。

第4節　本事例から言えること

1．セラピスト自身の体験の主体感覚の希薄化とその賦活化

　第4章に報告した事例Fの面接過程において，クライエントの主体感覚の損なわれた体験の力が強いために，それが面接の場にも持ち込まれ，セラピストの主体感覚が希薄化する現象が起こったことを述べた。すなわち，図8 (79ページ) に示したような局面である。本事例Gにおいても，第1期でそれと同様の現象が生じている。

　第1期で，セラピストの行う体験的応答は全くと言えるほど無効であった。自らの内面に目を向けることは強い情緒を伴った自責感になってしまうため，クライエントは内面に静穏に向き合って体験の感覚のニュアンスを確かめていくこと（直接のレファランス）ができず，したがって概念化も起こらなかった。このような事態は，セラピストにもどかしさ，苛立たしさを感じさせ，窮屈で身動きの取れないような気分を引き起こした。セラピストに感じられた苛立ちは，クライエントに援助的な働きかけのできない自分自身に対する苛立ちとも，独り相撲に陥ってセラピストの応答を受けつけないクライエントに対する苛立ちとも判別のつかないような不快な気分であった。

　これは，クライエントの自責感と内容的に似通った，クライエントと同型的な体験であったと考えられる。つまり，セラピストはいつのまにかクライエントと同じような様式，内容の体験に陥ってしまい，それから抜け出せないような状態になってしまっていたのである。

　セラピストがそのような状態に陥っていることに気づき，この事態をなんとかしなければならないと感じたのは，#7の後，クライエントが連絡なしで心理面接を休んだことによってであった。セラピストはそれまでの面接経

過での自分の体験を振り返り，面接の場で何が起こっているのかを吟味していった。つまり，セラピスト自身が面接の場での体験を振り返り，「直接のレファランス・概念化」の作業を行ったのである。そしてそのうえで，面接の場の雰囲気を変えるためのアプローチの方法を試みることになった。これがその後，クライエントの体験の情緒面へのアプローチとなっていったのである。

以上のように，心理療法がうまく進んでいないとき，セラピストがその局面で必要なアプローチの方法を発見していくためには，その前にまず，面接の場で何が起こっているのかを振り返り，面接の場で起こっていることについて吟味する必要がある。そしてそのためのもっとも具体的な手掛かりは，セラピスト自身が面接の場で感じている自らの体験への直接のレファランスであると考えられる。

面接の場で起こっている心理的事象の大部分は，はっきりと言葉にできるような明示的なものではなく，体験の感覚として暗々裡に感じられているものである。セラピストは自らの体験として，それを感覚的に感じていると考えられる。それに直接のレファランスを行い，概念化していくことにより，セラピストはそれを明示的に確かめることが可能になる。

筆者は，そのような心理的作業により，セラピスト自身の体験の主体感覚が賦活化することが大変重要であると考える。第3章に述べた事例Eで，「直接のレファランス・概念化」がクライエントの主体感覚を賦活したことを述べた。これと同じことが，ここでのセラピストにもあてはまる。つまり，セラピストが自分自身に暗々裡に感じられている体験の感覚に「直接のレファランス・概念化」を行い，それを明示化していくことは，セラピストの体験の主体感覚を賦活することにつながるのである。図6（62ページ）と図8（79ページ）を見較べることで，このことが十分理解されるであろう。面接のその局面に適合したアプローチの方法を発見するためには，セラピスト自身の体験の主体感覚が賦活化されていることが不可欠の前提であると筆者は考える。

2．クライエントの体験の情緒面にアプローチすることの意義

　本章に述べた事例Gの第1期ではクライエントは自責的な発言を繰り返すばかりであり，心理面接は停滞した状況が続いた。それを打開する必要に迫られて，筆者は第2期において，情緒面へのアプローチを試みることになった。それは，クライエントのクセ（自責感）に名前をつける形での言葉遊びを行ったり，比喩を用いて対話を行ったりすることにより，面接の場に遊びの雰囲気を生み出し，クライエントにとって苦痛で重苦しい内容の話題をこれまでとはかなり異なる柔らかい情緒的雰囲気で取り扱うようなアプローチであった。すると，面接の場の雰囲気は急速に変化していった。クライエントの表情がやわらぎ，それまでは固く重苦しい情緒（自責感）に支配されていたクライエントの体験の情緒面に変化が起こり，面接の場に笑いが生まれた。そして自責的発言の常同的反復は急速に減少し，クライエントは自責的な体験に振り回されなくなった。それにつれて面接の場でのセラピスト自身の体験の感覚も，柔らかく伸びやかなものに変わっていった。そして続く第3期では，過食症状の軽減，日常生活における自責的な体験の急速な減少，社会生活の拡大が報告されるとともに，「地獄耳かもしれない」「実際に嫌われているというより思い込みの方が多そう」というような気づきが生じたのである。

　以上のように，クライエントの体験の情緒面へのアプローチは，面接の場の体験を変化させ，固く重苦しい情緒に満ちた体験とは異なる，より柔らかく伸びやかな体験をクライエントに提供することになった。そのような面接の場の体験は，クライエントの内面に，主体感覚を結晶化させていったと考えられる。つまり，体験の情緒面へのアプローチは，問題となる体験領域とは情緒面で異なる体験領域をクライエントの内面に形成していったのであり，それが主体感覚の賦活化につながっていったのである。

　さて，以上に述べてきたように，情緒面へのアプローチは主体感覚を賦活する有効な方法となるが，それは，どのような方向であれ，単に情緒に変化を起こせばよいという意味ではないであろう。筆者は主体感覚の賦活化に

とって,「遊び」の醸し出す柔らかい伸びやかな情緒は,特に重要なものではないかと考える。遊びの体験に伴うそのような情緒は,主体感覚の賦活化に直接つながるものであると考えられるのである。子どもの心理療法における遊びの重要性や,ウィニコット (Winnicott, 1971) の「遊ぶこと」(playing) に関する論考をはじめ,心理療法と遊びとが密接な関連を持つことは広く認識されているが,主体感覚の考えから見ると,遊びの醸し出す情緒にも,いっそう注目していく必要があると考えられる。

3. 気づきの発生について

本事例の第3期において,クライエントは「地獄耳かもしれない」とか,人が自分を非難していると感じるのは「実際に嫌われているというより思い込みの方が多そう」と語るようになった。このような「気づき」が,クライエント自ら自発的に語るかたちで発生したのである。すなわち,体験の情緒面へのアプローチによってクライエントの主体感覚が賦活されることにより,体験の認知面にも変化が起こると言うことができる。

これは,ジェンドリンの言う「概念化」とはプロセスの異なる気づきであると考えられる。ジェンドリンの言う概念化は「直接のレファランス」の結果として,新しい意味が生み出されることを指しているが,ここでのものは「直接のレファランス」の結果として起こったものではない。ここでの気づきは,固く重苦しい情緒の蔓延した体験（自責感）とは異なる,もっと柔らかく伸びやかな情緒を伴った体験が面接の場に醸し出され,それがクライエントの内面に主体感覚として結晶化していった結果,クライエントはその主体感覚にもとづいて,それまでの自分のあり方を別の角度から眺められるようになったことで生じた認知的変化であると言うことができる。

このように,体験の情緒面へのアプローチは,クライエントの主体感覚を賦活することによって,単に情緒面だけにとどまらず,体験の全体を変化させるものである。序論に述べたように,体験を分析的に見れば,認知面,情緒面,身体感覚面の3つの側面から見ていくことが可能であるが,当事者にとってはそれはそれ以上分割することのできない,単一の,全身的な主観的

事象である。クライエントにとっては，体験の情緒面が変化することは，まさに体験全体が変化することなのである。

第6章

体験の身体感覚面へのアプローチが
有効であった事例の検討

　体験を成り立たせる3つの側面のうち，前章では事例Gの面接経過を資料にして，体験の情緒面にアプローチする方法を検討した。次に本章では，体験の身体感覚面に注目し，それにアプローチする方法について検討する。

第1節　体験の身体感覚面への注目

1．諸研究者による身体性への論及

　生きて生活している人間の身体性については，これまで多くの研究者が注目してきている。霜山徳爾（1966）は，「私が私であるという主体性の本質は，この身体のない手の意識に関係しているのみならず，身体そのものに厳密に関係している。すなわち，身体は人間の『自己』への付け加えられたものではなくて，自己そのものである。…私は現実に，私の身体である。…私の身体性は，環境の内における私の存在の直接性として，非反省的な直接経験の中で体験されているのである」と述べている。
　このような，私そのものと分離できないような身体性については，心理学のさまざまな領域において論じられている。
　藤岡喜愛（1979）は，人間の内界の心的内容（イメージ）の背後には必ず身体感覚が存在すること，それは「身体的条件ないし状況」ではなく，ひとつのまとまった意味をもった「身体イメージ」と呼ぶべきものであること，それは，それなくしては人のメンタリティを実感として了解しえないような，人の身体に託された「ある何ものか」であると述べている。

竹内敏晴（1981）は身体による表現において，具体的な一本の花を描写する（なぞる）ような表現と対比して，花が開くことの本質を表現するような身体性について述べている。それは人が自己の身体性を賭けて，心身一体的に花になりきろうとしているような身体性であると考えられる。

　また佐伯　胖（1978）は，認知活動において本当に「わかる」という時，身体の活動感覚が生じていると考えている。彼の述べていることは，自己の身体を含めた心身一体的な認知活動がなされる時，実感としての納得が生じることを示していると考えられる。

　さて，このような身体性にもっとも関心を向けてきたのは，心理臨床の分野であろう。臨床活動の中で直接それを扱っているもののうちからいくつかをあげると，以下のようなものがある。

　ハルパーン（Halpern, 1967）の"Hypnointrospection"の方法は，仰臥姿勢で体を動かさないようにし，身体感覚に注意を向けるやり方である。この方法によって，患者は情動の源としての自己の身体に気づくようになり（内的対話），その結果，自己理解に到達するとされる。

　ジェンドリン（Gendlin, 1981）のフォーカシングにおいては，座位姿勢で，問題（気になること）全体についての「からだのかんじ」（彼はそれをフェルトセンスと呼ぶ）に注意を向ける。それに直接注意を向け（直接のレファランス），それに導かれて概念化が生じることが，体験過程の推進である。

　成瀬悟策（1992）の動作法においては，実現すべき身体運動のある特定パターンを課題として，その実現を努力させながら，セラピストはクライエントの活動を援助するかたちで働きかける。そこではからだの持ち主である主体者・自己が，自分のからだ，すなわち自体に働きかける能動的・目的的な努力活動がなされるとともに，援助者がからだを介して相手の心に働きかけ，その自己活動を促進・活性化することにより，クライエントの自己活動が活性化されることになる。

　増井武士（1994）は，クライエントが自らの抱えている問題を整理し，問題から「間」を置くことを援助促進することをねらって，さまざまな臨床技法を工夫しているが，そのひとつとして，「姿勢」の利用について述べてい

る。これは，困った感じに近い姿勢をとり，その姿勢に困った感じを置き，ないしつめ込み，全く逆の，ないし別の姿勢をとる方法である。困った感じがいろいろな姿勢に現れているとき，困った感じが「そのような姿勢に近い感じかどうか？」を確認すると，クライエントはあれこれその感じにふさわしい姿勢を探索する。そして，ある程度困った感じに近い姿勢をとり得た時，その姿勢にその感じを「閉じこめて」置いて，別の姿勢をとるというかたちで「困った感じ」を置いておくのである。増井はこれを，「姿勢という具体的な身体感覚を媒介にした，置いておく空間作り」であり，「姿勢や身振り動作で置いておく方法」であると述べている。

2．本章で論じるアプローチとジェンドリンの方法との相違

ジェンドリンは，体験の前概念的有機体的感覚に焦点を合わせていくための具体的方法として，「からだのかんじ」（フェルトセンス felt sense）に注意を向けることを重要視している。これは「概念化」に至るために，直接の素材としての身体感覚に「直接のレファランス」を行うことをねらったものである。すなわち，ジェンドリンの方法は「問題についてのからだのかんじを確かめ，味わう」ことを中心とした方法と言うことができる。前に論じたように，本研究の事例F（第4章）の面接過程では，それが行われている。

一方，本章で検討するのは，「身体の姿勢」へのアプローチである。これはジェンドリンの方法とはかなり異なる面を持っている。筆者はこれを，上に述べた増井（1994）の考案した方法を参考にして実施した。この「身体の姿勢」へのアプローチは，「体験に変化をもたらすために，体験の身体感覚面を変化させる」ことをねらっている。つまり，身体の姿勢を実際に「変えてみる」ことによって，身体感覚を変化させ，それによって体験に変化を生み出すことをねらうものである。

筆者はさまざまな事例に関わるうちに，体験の身体感覚面について自発的に言語化を行う，身体感覚に親和性が高いと思われるようなクライエントに出会うようになった。彼らは自らの体験を，身体の感覚として感じやすいと考えられる。ここで述べる事例Hも，そのようなクライエントであった。そ

こで筆者は，このクライエントに対して，体験の身体感覚面へのアプローチを行っていく方法をとった。

以下に事例Hの面接経過を報告し，それをもとに体験の身体感覚面へのアプローチについて論じていくことにしたい。

第2節　事例Hの心理療法過程

本事例は，19歳（大学1年生）の男性である。大学入学直後の4月に，心理相談の機関に来談した。主訴は「自分の体臭がすごく気になるので，周りの人の目が気になって授業に集中できない。他人と話がしづらい。これからがすごく不安」ということであった。高校卒業後，浪人生活を送り，大学に入学してから一人暮らしを始めている。

第1期　クライエントの漠然とした問題意識を明確にしていった時期
　　　　（#1～#3）

#1でClの訴えを聞くと，Clは「汗なのか，ガスというかおならなのか，自分でもよくわからないけれど，（自分の体が）臭うみたい。授業中も気になって仕方がない。勉強より半分以上そのことを考えているかんじ」と語り，「人が鼻をすすると，自分のせいだなーと思ったりする」と言う。元来は明るい性格で友人も多い方だったが，高校3年の終わり頃，友だちが"何か臭う"と「明らかに自分のことを言った」のを聞いてギクッとしてから，気になり始めた。それで以後は自分の身の回りのことには気をつかっていたのに，予備校でも一度"あいつはどうも臭う"と言われた。このため授業中に緊張したり，おならが出るのを抑えて便秘状態になったりし，授業を受けるのが苦痛になったため，結局予備校をやめて自宅浪人をするようになったと言う。自宅では気にならずに勉強ができたそうである。Clはこれが実際に臭うのか，それとも気にしすぎなのか，自分でも不明確でよくわからない状態であった。そこでまず，内科で診察してもらうことを提案すると，Clは「ぜひ行ってみたい」と希望する。そこで#2で，心療内科系の医療機関を紹介

#3ではClは，病院で診察を受けて異常がなかったことを報告するが，「肉体的なものはないことはほっとしたけど，じゃあこれからどうするかについては不安になった。精神面でやっぱり気になる。人のしぐさが気になる。するとカーッと熱くなって汗をかく。その汗が臭うんじゃないかと余計に気にする」と言う。Clは周囲の人が鼻をすすったり鼻にさわったりすると，自分のことを臭いと思ってるのではないかと気になってしまうと語るので，Thは〈それは臭いがしたからなのだろうか〉と疑問を投げかけ，〈いろんな可能性を考えてみようか〉と提案し，メモ用紙に書きながら検討した。

まず，"人が鼻をすするしぐさが気にならない"状態（A段階），"それが気になる"状態（B段階），"それは自分の臭いのせいだ"と確信する状態（C段階）があることを確認し，B段階では，人が鼻をすするのは，臭いがしている，風邪をひいている，鼻がムズムズかゆい，クセでそういう仕草をする人である，などのいろんな可能性がありうるのではないかと伝えた。Clは「いろんな可能性があると自分も思う。でも気になってくると，相手が鼻をすするのは『自分の臭いがしているからだ』と考えてしまうし，すぐにC段階になってしまうんです」と言う。そして，気にすまいと思っても簡単にはA段階には戻れないこと，まずはC段階からB段階に戻すことを試みる方がいい，ということになった。ThはClに，日常生活で人のしぐさを見ながら，それが本当に臭いがしているからなのか，それとも風邪をひいていたりクセだったりなのかを区別できないか，観察してみることを宿題として提案した。Clは「ここで話すと見通しが出てくるかんじがする」と言い，以後週1回の面接を約束した。

第2期　身体感覚を通じて体験のニュアンスを確かめ変化させていった時期（#4〜#11）

#4では，「先生に冷静に客観的に見るように言われて，あれから多少観察した。よくよく聞いてみると，鼻をすするのは自分の周りの人だけでもない」と言い，「ここに相談に来る前に較べると，気にしすぎるのが多少よ

なったような」と報告する。それを数字で表現するように求めると、気になる量は前を100とすると、今は70から80くらいに減少している。しかし、人が鼻をすするのが自分の臭いのせいなのか、風邪なのかクセなのかの区別はつきにくいと言い、「臭いと言われたらどうしよう」という不安はあって、まだ自分に自信は持ちにくそうな様子であった。

　この苦痛な体験について、Clは「人込みの中にいると、カーと緊張して汗をかく」というように、身体感覚によって表現する傾向が見られた。そこでThは、〈不安な時、自分の体はどうなってる？〉と聞いた。するとClは、「背中全体がカーと熱くなって、背中からお尻にかけて汗ばむ」と言い、それを今感じてみるように促すと、座位姿勢で上半身を前屈させ、ひざから下を強く内側に折れ込ませる姿勢をとった。そして「体全体が硬直している。足も折れ込んで堅くなってる」と言う。そこで今度はそれとは正反対の姿勢をとるように促すと、Clは足を前に伸ばし、首も前に折れなくなった。「だいぶ力が抜けますね。リラックスしたかんじ」と言う。硬直した姿勢は自分の臭いではないかと不安になる時の姿勢であることが明らかになった。そこでThは〈心の姿勢が体の姿勢にもなっている〉と話し、不安な時は、硬直した姿勢に気づいてそれをリラックスした姿勢に変え、その上で自分の臭いかどうか考えてみた方がいいと伝えた。Clは実家に電車で帰省するとのことなので、それを実験の場として試してみることになった。

　続く#5では、実家との往復の電車の中の体験や授業中の体験を話し合ううちに、Clは自分の緊張体験には2つの段階があるようだと語った。第1段階は、周りがどうであれClの方が前もって気にしてカーとなる段階である。第2段階は周囲の人が鼻をすすったりなどの反応をし、Clもそれを気にして緊張が高まる段階である。Clは、この2つの段階は身体感覚としては同質のものであるが、量的には第1段階に較べて第2段階では5〜10倍に強くなると言う。そして第1段階については姿勢をリラックスさせることが可能であるが、第2段階になると対処が困難に感じる、とのことであった。

　#6では友人に勧められて入会したサークルのコンパの話になった。Clは「酔うと自分を気にせずに人と話せてよかったなと思う」と語り、日常生活

第6章 体験の身体感覚面へのアプローチが有効であった事例の検討　105

で臭いが気になる程度は50ないし60程度に減少したと言う。しかし，「でもやっぱりまだつらいんですよねー。周りの状況次第で気持ちが変わる」と語り，トイレに立ちにくい授業場面がつらいと言う。授業中の第1段階の体験については，Clは足を伸ばしたり，姿勢が固まってしまっているのを和らげるためにタオルで顔を拭くなどの工夫をしている。緊張に気づいたら足を伸ばして体を少し動かすのがいいと言う。そして「第1段階の緊張をゆるめるのをしっかりやったら，第2段階もなんとかなりそうな気がしてきました」と語った。

　また，身体感覚を確かめる話し合いをしているうちに，不安な時にはおならが漏れないように，肛門に注意を集中して体が堅くなっていることがわかったが，それについてThが〈肛門に力を入れていると，かえってガスがたまりやすくならない？〉と問うと，Clも「それ最近，自分でも思うんですよ。お腹も張ってくるし，かえって逆効果じゃないかな」と言い，「家で試してみようかな」と語った。

　次の#7では，Clは彼にとって大きな出来事について語った。それは，授業中たびたび鼻をすする人がいてClはその人をひどく気にしていたのだが，その人が教室の外の掲示板の所でも鼻をすすっているのを見たという出来事であった。そしてClは「その人のクセじゃないかと思い始めた」と語った。これはClにとっては非常に大きな出来事であり，「だいぶ僕の見方が変わりました」と言う。この1週間は「第1段階の状態になるべく気がつくようにして，それをリラックスするように続けた」とのことであり，第2段階についても，周りが鼻をすすっても「僕のことじゃない」と自分に言い聞かせる努力をしている。授業には，これまで出たくない気持ちが強かったのが，「我慢して出よう」と考えるようになったし，授業終了後の疲れの程度が徐々に減ってきたと言う。そして少しゆとりが出てきたのか，浪人中や今回の入試のことについて語り，「よく乗り越えたなーと思う。当時は本当の自分じゃないなーと思いながら，どうにもならないかんじだった」と言う。また家で肛門周辺の力をゆるめてみたが，「おならは出そうとしても出なかった」と語った。このようにClが自分の体験に対処できるようになるにつれ

て，Thには，力強さの感覚が増してくるかんじとして，Clの変化が感じられていた。

#8では東京から遊びに来た高校時代の友人を家に泊めたが，さほど気にならなかったことを報告した。「以前なら，人を部屋に泊めたりはとてもできなかったと思う」と言う。そして自分の緊張にはかなり気づけるようになったと言い，「前は臭いのことじゃなくて，異様に緊張している自分を見て，人が変に思っていたかもしれない」と語った。自分の姿を客観視して，これまでの自分のあり方に気づくことができたのである。

「誰かが臭いのウワサをしていたら，気持ちが逆戻りしそうでこわい」とか「泊まった友人が『東京の水は臭い』とか言うと萎縮してしまう」というような不安は残っているが，「このことで精神的に成長したかんじがする」と，自分に少しずつ自信をつけていっている様子であった。

その後，次第に汗をかきやすい夏場を迎えて，Clは汗の臭いを気にしていたが，それでも特に支障なく生活を続け，「お尻の力もだいぶ抜けるようになった」（#9）と語るようになった。そして#11では，不安や緊張の度合いは来談当初の4割程度に減少したことを報告し，「完全じゃないけど，6割は楽だからだいぶ楽ですよ。なんとかなるだろうな，というのがあるし」と，この体験に圧倒されない自信をだいぶ獲得しはじめた様子であった。夏休みにはアルバイトをするという計画も語られた。

次の予約日にはClは来談しなかったが，1週間後の電話では，「元気にやっている。しばらく自分でやってみます」とのことであったので，終結とした。

第3節　本事例の検討

1．本事例に見られた主体感覚の損なわれた体験

面接開始当初，Clは自分でもよくわからない「自分の臭い」に気をとられて，授業中も「勉強より半分以上そのことを考えているかんじ」であった。

この体験は不安や緊張などの情緒に満ちたものであったし、また「カーと体が熱くなる」というような強い身体感覚を伴ったものであった。Clはこの体験に対して、「どうにもならない」という対処不能感を感じていたし、そればかりに注意が集中してしまう状態が生じていた。

この体験は、以下の3点から、主体感覚の損なわれたものであったと言うことができる。①どうにも対処することが困難と感じられていた点。②授業中などの人がたくさんいる場面でこの体験が繰り返し反復されていた点。③固有の情緒や身体感覚が随伴していた点。

2．心理療法過程における主体感覚の賦活化

上述したような主体感覚の損なわれた体験について、第1期では、Clはそれが実際に臭っているのか、それともそれを気にしすぎていることが問題なのかさえ、不明確な状態であった。そこでThはまず、その体験について詳しく聞くとともに、医療機関を紹介して身体的な検査を受けることを勧めた。その結果から、Clは身体的なことよりも、「それを気にすることが問題のようだ」という（まだ漠然としたものであっただろうが）問題意識を持つことが可能になったと考えられる。つまり医学的判断を得ることによって、Clは自分自身の体験の方に目を向けるようになったと考えられる。しかし#3で「じゃあこれからどうするかについては不安になった。」と述べているように、それはClには大変扱いにくいものに感じられていた。そこでThは#3で、Clの体験に沿って3つの段階が存在しうることを整理して示し、Clにとって検討可能な課題を提示した。このように第1期は、Clに自分の体験へと目を向けることを促し、主体感覚の損なわれた体験が問題となっていることをClの問題意識として明確にしていった時期であった。

このようなアプローチは、Clが#4で「先生に冷静に客観的に見るように言われて」と語っているように、自分の体験に情緒的に振り回されるのではなく、冷静に向き合うことを促すものとClには感じられている。そして#4で報告されたように、この段階ですでに、気になる量が2～3割減少している。このアプローチによって何らかの対処可能感が生まれたこと自体が、

Clを楽にさせることにつながったと考えられる。

　第2期では，ThはClがこの体験について身体感覚を用いた表現を行う傾向があることに着目し，面接の場で，その体験に伴う身体感覚を細かく確認させ，姿勢として確かめることにした。予想どおり，Clは身体感覚によってこの体験の感覚的なニュアンスを感じ取ることができた。そこでThは増井（1994）の技法を参考にしながら，それとは正反対のリラックスした姿勢をとることをClに試みさせ，体験を変化させるために姿勢を変える方法を用いることを提案した（#4）。また，#5では緊張体験には2つの段階があることが確認でき，少なくとも第1の段階（予期による不安緊張状態）については，姿勢を変えてリラックスすることで対処が可能であることがわかってきた。

　このような，自分の不安に自分の力で対処できる感覚を持てるようになった結果，Clは次第に自信とゆとりを持ちはじめたと考えられる。#7で，ある人がひどく鼻をすするのでClは気にしていたが，その人がClとは無関係の場所（掲示板の所）でも同じように鼻をすすっていたことに気づいたという話が語られたが，このような観察は何らかの心のゆとりがあってはじめて可能になったと考えられる。また浪人中や今回の入試の頃のことについて，「よく乗り越えたなーと思う。当時はどうにもならないかんじだった」と語ったことも，当時よりはゆとりを取り戻すことができたがゆえに想起された話題であったと思われる。Clは次第に「なんとか対処できる」という自信を獲得していったと考えられる。そして#8では，「前は臭いのことじゃなくて，異様に緊張している自分を見て，人が変に思っていたかもしれない」と語られた。これまでの自分の姿について，別の角度からながめ，気づくことができるようになったのである。

　以上のような心理療法過程においてClの主体感覚が賦活化していったことは，Clが自分の力で自分の体験に対処できる自信とゆとりを獲得し，その体験に圧倒されなくなっていったことから確認される。

　本事例の心理療法過程を図にすると，図11のようになる。

① 人のしぐさを「自分の臭いのせい」と考えてしまう体験が問題であることが明確になった。

② 身体の姿勢（身体感覚）に気づいてそれをゆるめるアプローチを行った。
（＝体験の身体感覚面へのアプローチ）

③ 問題となる体験に対処できるかんじが増大し、被圧倒感が減少した。
（＝主体感覚の賦活化）

④ 「気づき」が発生した。（「異様に緊張している自分を人は変に思っていたかも」）

図11　事例Hの心理療法過程での変化

第4節　体験の身体感覚面にアプローチすることの意義

1．身体感覚へのアプローチによる主体感覚の賦活化

　本事例Hでは、体験的応答はあまり行われず、当初から身体の姿勢へのアプローチが中心となった。それはこのクライエントが、「カーと緊張して汗をかく」というように、身体感覚によって問題を表現する傾向が見られたためであった。面接では、体験の身体感覚面に注意を向けることを促すとともに、身体の姿勢を変えることでクライエントの体験に変化を生み出すことをねらい、それが有効であった。

　そのようなアプローチの結果、クライエントの体験の主体感覚が賦活化していった。自分の臭いが気になるという、圧倒する性質を持った体験に振り回されなくなり、自分の力でその体験に対処できるという自信とゆとりを獲得していったのである。

　このアプローチは、「体全体が硬直して」「カーと緊張して汗をかく」ような体験とは拮抗する、リラックスした身体感覚にもとづいた体験領域をクライエントの内面に形成していく作業であった。セラピストとクライエントとの共同作業によってその努力を続けることにより、クライエントは問題とな

る体験に自律的に向き合える感覚，それに対処できる感覚を持てるようになっていった。そしてそれは，「カーと緊張して汗をかく」ような体験から分離できる主体の感覚へと結晶化していったと言うことができる。

かなり主体感覚の賦活された局面で，クライエントは「前は臭いのことじゃなくて，異様に緊張している自分を見て，人が変に思っていたかもしれない」と語った。すなわち，自分の姿を客観視できるようになった結果，これまでの自分のあり方についての「気づき」（体験の認知面の変化）が生じたと考えることができる。これは前に述べた事例G（第5章）の「気づき」と同じ性質のものである。すなわち，これはジェンドリンの言う「直接のレファランス」の結果として生じる概念化とは異なり，賦活された主体感覚にもとづいて，それまでの自分のあり方を別の視点から見ることが可能になったことによって生じた気づきであると考えられる。

2．体験の身体感覚面へのアプローチと情緒面へのアプローチとの比較

ここで，体験に伴う身体感覚面の特徴について考えてみたい。筆者は，身体は霜山（1966）が述べているように，主体と不可分で分離のできないような性質のものであると同時に，自分の身体に注意を向けて対象化することで，それを客体として眺めることも可能なものであると考える（吉良，1984b）。つまり，それは体験に伴って「非反省的な直接経験」（霜山，1966）として生起しているものであるが，しかも，それを対象化して，客体として把握することが可能なものでもある。言いかえると，「確かにここに，このようなものとしてある」というかたちで，それを実体性をもった対象物として取り扱うことが可能なものと言うことができる。したがって，それを吟味していくことによって，それがどのように感じられているかを詳細に吟味していくことができる。これは体験の身体感覚面に特徴的な性質と考えられる。

これに対して，前章で検討した体験の情緒面は，やはり体験に伴って生起するものであるが，身体感覚のようには，客体として把握することは難しいと考えられる。ある強い情緒（怒り，悲しみ，喜びなど）を感じているときには，われわれはその情緒のまっただ中にあり，それを客体として対象化し

て眺めることは難しい。一方，それを客体として対象化して眺めようとしたときには，すでに自分の情緒はかなり鎮まっていて，はじめの状態とはかなり異なったものになってしまっている。このように，体験に伴う情緒面を実感を保ったまま客体化することはなかなか難しい。

このため，クライエントの情緒に変化をもたらそうとする技法は，事例Gで述べたように，セラピストがクライエントの情緒を感じとり，対話のあり方を工夫すること（事例Gにおいては，言葉遊びや比喩を用いた対話などによって「遊び」の雰囲気を取り入れたこと）により，面接の場に醸し出される雰囲気を変えていくようなものである。つまり，それまでとは異なる情緒が「醸し出される」ように「雰囲気」を変えていくようなアプローチである。すなわち，この場合にはセラピストの側が主導して面接の場の情緒を変えていくことが必要になる。

これに対して身体感覚面にアプローチする技法は，セラピストが「からだの感覚に注意を向けてみるように」とか，「それと正反対の姿勢をとってみるように」というような指示を行うことにより，クライエント自身が主導してそれを操作し，変えていくように働きかけることができる。つまり，クライエントは身体感覚を通じて自分自身の体験に直接向き合うことが可能であり，自分の力で，自分自身の身体感覚を変えるような操作を行うことができるのである。

このようなクライエント主導的な作業によって，クライエントは自分の体

表2　体験の身体感覚面へのアプローチと情緒面へのアプローチとの比較

	体験の身体感覚面	体験の情緒面
特　徴	体験の実感を保ったまま対象化が可能。	対象化すると体験の実感は薄れる。
アプローチ	セラピストの指示のもとに，クライエント自身が主導して身体感覚に操作を行い，体験に変化を生み出すことが可能。	セラピストが主導して，面接の場の情緒に変化を生み出すことが必要。
事　例	事例H	事例G

験に対して自分の力で対処できる自信を持てるようになるであろうし，体験の自律性の感覚を獲得することが可能になると考えられる。そのような意味で，身体感覚的側面へのアプローチは主体感覚を賦活するための有効な技法と言うことができるであろう。

　ここで述べた，体験の身体感覚面へのアプローチと情緒面へのアプローチとの違いをまとめたものが表2である。

第3部 考　察

第7章

主体感覚の概念の明確化

第1節　事例研究にもとづいた主体感覚の賦活化に関する考察

　本研究の序論および第2章で，筆者は主体感覚の賦活化について論じた。しかしそこでの論述は，事例の詳細な検討にもとづいたものではなかったので，抽象的一般的なものに留まっていた。そこでここでは，第2部に示した事例研究を資料にして，筆者が主体感覚の賦活化と考えるものについて，より具体的な検討を行い，この概念を明確にしていくことにしたい。

　以下に述べる5点のうち，はじめの3点は筆者がこれまで「体験に伴う自律性の感覚」と一括して表現してきたものを，より細かに分けて論述するものである。4点目は，主体感覚が賦活されてくるさいに生じる体験の情緒面・身体感覚面の性質について論述するものである。そして5点目は，体験内容にかかわる特徴を論述するものである。

1．問題となる体験に自律的に向き合う感覚の増大

　クライエントは心理療法を始めた当初は，自分自身の内面に生じるものでありながら心理的な困難をもたらすやっかいで扱いにくい体験に，振り回されたり圧倒されるような状態になっている。すなわち主体感覚の損なわれた体験の状態である。

　それに対して心理療法面接では，クライエントはセラピストとの対話を通じて，自分にとって一体何が問題と感じられているのかを，情緒に振り回されずに静穏に確かめていくことになる。それは，問題となる体験に自律的に

向き合う主体の感覚を賦活するものであると考えられる。筆者はこれを，主体感覚の賦活化の現れとして，重視する。

　つまり，はじめはただ苦しいだけで，何がどのように苦しいのかもはっきりしないまま，圧倒され振り回されるような体験様式にあったのが，心理療法面接の場では，自分の内面に静穏に目を向けることにより，自分自身の内面に感じられている問題感を確認し，特定していくような心理的作業が行われる。このような心理的作業を通して，クライエントは自分にとって問題となる体験に自律的に向き合うことのできる主体の感覚を感じることができるようになっていくと考えられる。本研究に示した事例では，事例E（第3章）と事例H（第6章）にそれが比較的明瞭に見られた。

　事例Eでは，セラピストが主体感覚の保持された状態で体験的応答を行うことにより，クライエントには自分の内面に静穏に向き合うことが促された。クライエントは#1ですでに「話をしてすっきりした気がする」と述べており，また#5では「ここに来るのが楽しみになってきた。何でもしゃべれるから。こんな時間がなかった」と語っている。クライエントは日常の場では，主体感覚の損なわれた重苦しく暗い気分の中にあったが，面接の場では，それとは異なる，より自律的に自分の内面に関わるような体験様式が可能となったと考えられる。

　事例Hでは，クライエントは心理療法開始当初は，自分の体が実際に臭っているのか，それともそれを気にしすぎていることが問題なのか，不明確な状態であった。医療機関で身体的な検査を受けたことによって，クライエントは身体的なことよりも，それを気にすることが問題のようだ，という問題意識を（漠然としたものであれ）持つことが可能になったが，クライエントが「じゃあこれからどうするかについては不安になった」と述べているように，それは大変扱いにくいものに感じられていた。そこで#3でセラピストはクライエントの不安になる体験には3つの段階が存在しうることを整理して示し，クライエントが検討可能な課題を提示した。クライエントはそれについて，#4で「先生に冷静に客観的に見るように言われて」と述べているように，情緒的に振り回されずに自分の体験に冷静に向き合うことと受けと

めており，それを実践することによって，気になる量が2～3割は減少したことを報告したのである。

以上のように，問題に振り回されずに静穏に，自分の内面に自律的に向き合うことは，それだけで心理的困難感を軽減する力を持っている。それは，クライエントに，自分の内面に自律的に向き合う主体の感覚が賦活されることで，それまでの振り回され圧倒されるような体験が軽減したためであると考えることができる。

以上のことから考えると，セラピストとクライエントとの対話を通じてクライエントに感じられる面接の場の体験は，主体感覚の前駆体験となるものであると言うことができる。すなわち，セラピストと対話を行う面接の場において，クライエントの内面に，問題に圧倒され振り回されるような体験とは性質の異なる，より自律性を伴った葛藤の少ない体験が生まれ，次第にふくらんでいくと，それが主体感覚の核として結晶化しはじめるのではないかと考えられる。そのような意味で，筆者は面接の場の体験を，主体感覚の賦活化につながる前駆体験と考える。

2．問題となる体験に対処できる感覚の増大

主体感覚の損なわれた体験は，クライエントには，「自分ではどうすることもできない」というような対処不能感，無力感を感じるような体験である。一方，主体感覚の賦活化は，問題となる体験に対処できる感覚の増大によって特徴づけられる。その具体的な例は，事例G，事例Hにおいて見られた。

事例G（第5章）では，心理療法がかなり進展した第3期において，クライエントはアルバイトを始めたが，職場の人間関係において「人に嫌われてるんじゃないかと先取りして考えてきつくなる。」と言う一方で，「帰って母親にグチを言ったり，紙に書くことで気持ちを整理できる」(#19) と，自分の感情に対処する方策を作り出そうとする試みが見られた。

また事例Hでは，問題に冷静に向き合うとともに，身体の姿勢を変える方法を用いることにより，自分の体から臭いが出ているのではないかという不安緊張に対して，自分の力で対処できる感覚を持てるようになった。そして

その結果，クライエントは次第に自信とゆとりを持てるようになっていった。

以上のような「問題となる体験に対処できる感覚」の増大は，「問題となる体験に対処している主体の感覚」の増大でもあると考えられる。つまり，問題となる体験に対してなんとか対処しようとし，実際に対処できている「主体の感覚」を，クライエントは自分の内面に実感できるようになっていくのである。このように，問題となる体験に対して自分の力で対処できる感覚が増大することは，主体感覚の賦活化のひとつの現れと言うことができる。

3．問題感から分離した自律性を感じられる体験領域の拡大

主体感覚の損なわれた体験様式に陥っているクライエントにおいては，ある大きな問題が広範な体験領域に広がってしまい，その問題が自分そのもののように感じられていることが多い。つまり，問題となる体験から区分できるような，自律性を感じられる体験領域を持ちにくくなっているのである。

事例Eにおいて「うっとおしい，重苦しいかんじ」と表現された孤独感ないしは孤立感，事例Fにおいて「腹に黒い油のような汚れたものがたまる」と表現された人に対する警戒感や慢性的な緊張感，事例Gにおいて「自分は甘えている，わがまま」と繰り返し発言された自責感，事例Hにおいて表現された「人が鼻をすするのは自分の臭いのせいではないか」と気になって仕方がない不安感などは，それぞれ，それが広範な体験領域に広がっていて，クライエントはそれ以外の体験はあまり持てなくなっていた。すなわち，クライエントは問題となる体験から明確に区別できるような自律性を感じられる体験領域を持ちにくくなっていたと考えられる。

これに対してセラピストの行った，体験的応答（事例E），体験の認知面へのアプローチ（事例F），情緒面へのアプローチ（事例G），身体感覚面へのアプローチ（事例H）は，クライエントにそれとは性質の異なる体験を持つ機会を与えるものであった。クライエントは，そのようにして得られた面接の場の体験を基盤にして，問題となる体験とは区別できる，より自律性を伴った体験領域を獲得していったと考えられる。そしてそれは，問題感から分離した主体感覚へと結晶化していったと言うことができる。

また，事例G，および事例Hにおいて，「地獄耳かもしれない」「実際に嫌われているというより思い込みの方が多そう」（事例G），「前は臭いのことじゃなくて，異様に緊張している自分を見て，人が変に思っていたかもしれない」（事例H）というような「気づき」が生じたことを筆者は報告し，それは主体感覚が賦活されて，それまでの自分のあり方を別の角度から眺めることが可能になったことによって生じたものであると述べた。そこで述べた「主体感覚の賦活化」とは，ここで論じているような，問題感から分離した自律性を感じられる体験領域が拡大したことを指している。問題感から分離した自律性を伴った体験領域を持ち，その位置からそれまでの自分のあり方を眺めることによって，新たな気づきが可能になると言うことができる。

さて，上に述べたような，問題感から分離した自律性を感じられる体験領域を十分に獲得できていないクライエントの場合，問題感が「自分そのもの」として体験されており，問題感が「自分」という感覚の拠りどころとなっていることが多い。特に，主体感覚の損なわれた体験が長期にわたって続き，ずっとその体験の反復を経験してきたクライエントは，それ以外には「自分」と感じられる体験を持てていないため，この傾向が顕著である（本研究で示した事例の中では，事例Fや事例Gが，それに相当すると考えられる）。そのようなクライエントにおいては，心理療法によってこれまでとは性質の異なる体験が起こることは，それがより自律性の感覚を伴った体験であったとしても，自分を失う不安を生み出す危険性がある。

そのような危険に陥らずに主体感覚の賦活化が進んでいくためには，「自分のつらさ，大変さがセラピストに伝わっている」，「問題感がセラピストに共有されている」という実感がクライエントに育っていることが必要と考えられる。そのような共有感が持てていない段階でこれまでとは異質な体験が生じることは，クライエントを脅かすものであることに留意すべきである。徳田完二（1999）はこれに関連した点について検討するなかで，「問う主体を一人称複数（"We"）として（したつもりで）言葉を発する」という技法的工夫を述べている[1]。

4．柔らかく伸びやかな感覚の増大

次に論じるのは，主体感覚の賦活化が生じるさいの，体験の情緒面・身体感覚面の特徴と考えられるものである。そのような情緒面・身体感覚面の特徴は，クライエントによって直接言葉で語られることは少ない。しかしそれは，面接の場において感じられるセラピスト自身の体験の感覚として，クライエントから伝わってくる面がある。そのことについて，第2部に報告した4つの事例で生じたことを，以下にまとめる。

事例Eでは，#4で「モヤモヤがずーっとある。うっとおしいかんじ。重苦しい，暗いかんじ。引き込まれそうな，めちゃめちゃ重苦しい」という発言がなされたとき，セラピストにはクライエントの感じていることが実感として伝わってくるかんじがあった。そして第3期に至って「ひとりでいることを寂しいと感じなくなった。負担になってない」とクライエントが語るようになったのを聴いて，セラピストには，クライエントがそれまでの重荷から解放されて楽になるとともに，伸びやかな体験が可能になってきたことが感じられた。

事例Fでは，面接過程の後半で，クライエントが語る対人関係の話題のニュアンスから以前のようなとげとげしさが減り，柔らかい情緒が流れ始めるとともに，セラピストの体験の感覚も，それまでの乾燥してひからびた感覚から，しっとりした潤いのある充実した感覚に変わっていった。

事例Gでは，遊びの雰囲気が生まれ，笑いが生じるとともに，面接の場で感じられるセラピストの体験の感覚も，それまでの固い感覚から柔らかい感覚に変化し，伸びやかなものになっていった。

1）先に事例Fや事例Gの心理療法過程において，体験的応答がクライエントの主体感覚を賦活する十分な効果を持てない局面で，セラピスト自身の体験の主体感覚が希薄化し損なわれる危険が生じたことを述べたが，セラピストに生じているこのような事態は何らかのかたちでクライエントにも伝わると思われる。そしてその事態がセラピストによって適切に乗り越えられれば，それは，クライエントとセラピストがともに苦しみ，その中からともに対処策を見つけていくという，共同作業の感覚を両者が共有する契機にもなると考えられる。

事例Hでは，身体の姿勢へのアプローチによってクライエントが自分の体験に対処できるようになるにつれて，セラピストには力強さの感覚として，クライエントの変化が伝わってくるようになった。

以上のようなかたちでセラピストに感じられるものを，筆者はクライエントの主体感覚が賦活していくさいの，体験の情緒面・身体感覚面の性質を反映したものであると考える。それは，柔らかさ，伸びやかさ，穏やかさなどの性質を持った充実かつ安定した情緒と言えるであろうし，場面に応じて身体的な緊張と弛緩が可能な状態と言えると考えられる。

5．常同的反復的な体験内容からの離脱

主体感覚とは体験様式にかかわる性質に注目した概念であるが，体験様式の相違によって，体験の内容にも性質の違いが生じる。とは言っても，それは体験の内容そのものが違ってくるというのではない。そうではなく，主体感覚の損なわれた体験においては体験内容は同じようなものが繰り返し起こる傾向が強かったのが，主体感覚が賦活化するにつれて，常同的な内容の反復傾向が弱まり，これまでとは違った新たな内容の体験が生み出されてくるという変化が生じるのである。

事例Eでは，自分のやりたいこと，考えていることがわからず無気力感に圧倒され，死にたい気持ちが繰り返し襲ってくるような状態であったのが，主体感覚が賦活されるにつれて，自分自身の希望として大学生活を続けたいという思いが感じられるようになり，また，授業やアルバイトを通じて対人関係を再発見し，それを楽しむような体験が生じるようになった。

事例Fでは，心理療法を開始した当初は，常に不快な気分を伴った無力感，無価値感がつきまとい，人に対して「びびる」気持ちや人を警戒する気持ちが反復される状態であった。それが主体感覚の賦活化とともに変化し，人間関係の話題に柔らかい情緒が流れるようになり，人に対する警戒心が減ってきたことが報告された。友人が自分を名前で呼ぶことを「うれしいなーと思う」というような体験が語られたり，「自分はこれから社会に目を向けないといけない」というような新たな課題意識を語るようになった。

事例Gでは，強い自責的内容の体験が常同的に反復されていたのが，体験の情緒面へのアプローチを契機にして主体感覚が賦活されてくると，面接の話題は人間関係のことから将来の進路のことに変わっていった。そして「あんな人になりたいなあと思う人が2人いる」と自己像形成のモデルらしき人物の話題が出たり，セラピストに対するうちとけた言葉づかいでの揶揄，からかいなども見られるようになった。そしてアルバイトを始めるなどの社会生活の拡大が起こった。

　事例Hでは，授業中などの人がたくさんいる場面で，自分の臭いに気をとられて不安緊張が高まる体験が繰り返し反復されていたのが，身体の姿勢へのアプローチを手掛かりに主体感覚が賦活されてくるにつれて，たびたび鼻をすすることで気になっていた人がクライエントとは無関係の場所でも鼻をすすっていたのを見て「だいぶ僕の見方が変わりました」と報告した[2]。そして「前は異様に緊張してる自分を見て，人が変に思っていたかもしれない」と新たな視点からの体験が可能になった。

　以上のように，主体感覚の賦活化につれて，クライエントは体験内容の常同的な反復傾向から離脱して，新しい内容の体験が可能になる。体験内容が固定的反復的でなくなり，流動的になるのである。

第2節　主体感覚の3つの指標

　第1節では主体感覚の賦活化とは体験のどのような変化と言えるかを，事例に見られた事実を資料として具体的に論述した。それによって，筆者が「主体感覚の賦活化」と呼ぶものを，できるだけ明確にしようとした。本節

---

2) これはクライエントによって観察された事実であるが，クライエントの主体感覚が賦活化することで新たな内容の体験をする準備状態ができたがゆえに，今までの体験内容とは相反する事実を観察することが可能になったと考えられる。それまでであれば，クライエントは自分の体験に気をとられ，その人が自分とは無関係の場所で鼻をすするかどうかを観察することはなかったであろうし，無関係なところで鼻をすすっているのを見たとしても，そのことで自分の見方を変えることはなかったであろうと考えられる。

表3　主体感覚の損なわれた体験・保持された体験の比較

	主体感覚の損なわれた体験	主体感覚の保持された体験
体験に伴う自律性の感覚	・特定の体験に振り回され圧倒されている。 ・対処不能感/無力感を感じている。 ・問題と自分との間の区別が不明瞭になっていて，問題感から分離した自律性を伴った体験領域を持てない。	・問題となる体験に自律的に向き合う感覚を持てる。 ・問題となる体験に対処できる感覚を持てる。 ・問題となる体験が起こっても，問題感から分離した自律性を感じられる体験領域を持てる。
体験の情緒面・身体感覚面の特徴	・苦痛や苦悩を伴う，色合いの鮮明な強い情緒。 ・強い身体的緊張の持続。	・柔らかさ，伸びやかさ，穏やかさなどの性質を持つ充実かつ安定した情緒。 ・状況に応じて身体的緊張/弛緩が可能。 ※主体感覚の損なわれた体験のような強く激しい情緒・身体感覚ではない。 ※この性質は，普段は自覚されにくいが，損なわれた時には強い苦痛を伴って渇望される。
体験の常同的反復傾向	・常同的反復傾向がつよい。 ・体験内容は固定的反復的。 ・新しい体験内容が生じにくい。	・常同的反復に陥らない。 ・特定の体験に縛られないので，体験内容は固定的反復的でなく，流動的。 ・新しい内容の体験が可能。

では，それをもとに，主体感覚の3つの指標と考えられるものをまとめることにする。それぞれの指標ごとに，「主体感覚の損なわれた体験」と「主体感覚の保持された体験」においてそれがどのように異なるかを述べるかたちで論じる。このような整理によって，「主体感覚の損なわれた体験」と「主体感覚の保持された体験」とを，対比的に明確にすることを意図している。

なお，本節に述べることを表にまとめたのが，表3である。

1．主体感覚の3つの指標

(1) 体験に伴う自律性の感覚が保たれているかどうか

これは主体感覚の概念の定義にかかわる，中心的な事柄である。前節に論

じた5点のうちのはじめの3点が，それを具体的に表現するものである。

① **問題となる体験に自律的に向き合う感覚を持てるかどうか**

主体感覚の損なわれた体験においては，クライエントは問題となる体験に圧倒され，振り回されるような状態になっていて，この感覚を持てないでいる。一方，主体感覚の保持された体験においては，問題となる体験に自律的に向き合える感覚を持っている。

② **問題となる体験に対処できる感覚を持てるかどうか**

主体感覚の損なわれた体験においては，クライエントは問題となる体験に対して対処不能感，無力感を感じている。主体感覚の保持された体験においては，それに自分の力で対処できる感覚を持っている。

③ **問題感から分離した自律性を感じられる体験領域を持てるかどうか**

主体感覚の損なわれた体験においては，問題感が広範な体験領域に広がってしまい，自律性を伴った体験が持てなくなっている。一方，主体感覚の保持された体験においては，問題となる体験が起こったとしても，それに呑み込まれて自分を失う状態にはならない。問題感からは分離した自律性を感じられる体験領域を持っている。

(2) **体験の情緒面・身体感覚面での特徴**

体験が認知面，情緒面，身体感覚面の3つの側面から構成されているという点は，主体感覚の損なわれた体験でも，主体感覚の保持された体験でも同じである。しかし，情緒面や身体感覚面の特徴は，両者においては異なっている。

主体感覚の損なわれた体験においては，苦痛や苦悩を伴う強い不快な情緒・身体感覚が生じる。事例によって，体験されている情緒の内容は異なり，本研究で事例研究を行ったものを見ても，事例Eでは孤独感・孤立感に関連した重苦しい情緒，事例Fではイライラした不快な気分，事例Gでは強い自責感を伴った抑うつ気分，事例Hでは自分の臭いが気になって仕方がないという不安感が顕著であった。このように情緒の内容は事例によって異なるが，その情緒がかなり色合いの鮮明な，しかも度合いの強いものであることは共

通している。そして身体感覚面では，慢性的に強い緊張が持続している。

　主体感覚の保持された体験において感じられる情緒や身体感覚は，それが損なわれた体験の場合のように，強かったり激しかったりするものではない。主体感覚が保持された状態においては，柔らかさ，伸びやかさ，穏やかさなどの特徴を持った，充実かつ安定した情緒が感じられる。そして身体感覚面では，状況に応じて緊張したり弛緩したりすることが可能である。

　主体感覚の保持された体験に随伴する，このような性質の情緒や身体感覚は，それを普段から保持できている人にはさほど明確に自覚しにくいかもしれない。しかしこのような情緒面，身体感覚面の性質は，われわれの安定した日常生活の基盤となっている。これが損なわれたときには，われわれは強い苦痛を感じ，それを渇望することになる。

(3) 体験の常同的反復傾向の有無

　これはクライエントに生じる体験の内容にかかわる特徴である。主体感覚の損なわれた体験と保持された体験においては，体験内容の変化しやすさ，しにくさが異なっている。

　主体感覚の損なわれた体験においては，同じような内容の体験が繰り返し反復される傾向が強い。ニュアンスの異なる多様な内容の体験を持つことができず，全く同じような内容の体験が常同的に反復されることになる。体験内容に変化が起こりにくく，新しい内容の体験が生まれにくい。しかしクライエント自身にとってはそのひとつひとつがリアルな体験であるため，繰り返しになっていることにさえ気がつかない場合も多い。

　一方，主体感覚の保持された体験においては，体験の内容は，常同的な反復に陥らない。外界内界の変化に応じて，さまざまなニュアンスの体験が次々と起こるし，そのひとつひとつが細部で異なった内容のものである。つまり体験の内容は固定的・反復的ではなく，流動的であり，常に変化していくと言える。そして外的内的状況の変化によって，新しい内容の体験が生まれることが可能な状態と言うことができる。

2．日常生活における主体感覚の様相

　われわれの日常生活のなかでの主体感覚のあり方を考えると，本研究において神経症圏の事例に見いだした「主体感覚の損なわれた体験」と同様の様式の体験が一時的に起こることは決してまれではないと考えられる。われわれはいつでも常に「主体感覚の保持された体験」の状態にあるわけではない。心配事や悩みごとが起こっている場合には，上に「主体感覚の損なわれた体験」と呼んで示したような状態は，われわれにも日常的に起こりがちである。

　すなわち，本研究で「主体感覚の保持された体験」，「主体感覚の損なわれた体験」と呼んでいるのは，対極的に記述できる理念型を示すものである。われわれの日常生活における体験の様式はどのようなものであるかを考えてみると，「主体感覚の保持された体験」と「主体感覚の損なわれた体験」の間を動いているが，一時的に主体感覚が損なわれることがあっても，自ら主体感覚を賦活化して，そこから回復して「主体感覚の保持された体験」に戻っていけるような状態にあると考えられる。

第 8 章

主体感覚と心理的距離

第 1 節　クリアリング・ア・スペースに関する考察

1．主体感覚とクリアリング・ア・スペース

　ジェンドリンの体験過程療法の考えにもとづいた臨床実践の方法であるフォーカシングに関する研究において，クリアリング・ア・スペースおよび心理的距離の問題が議論されてきている。それは，ジェンドリン（Gendlin, 1981）によってフォーカシング技法の最初のステップとして示された「クリアリング・ア・スペース」（clearing a space）が臨床実践においてきわめて有効な場合があるという事実にもとづいて，心理的距離の問題が適切な体験の仕方を検討するうえでの重要な視点として浮かび上がってきたことによる。

　本書第 1 章第 2 節にも簡単に触れたように，筆者が主体感覚という用語をはじめて用いたのは，クリアリング・ア・スペースについて論じるなかであった（吉良，1992）。つまり，主体感覚の概念の出発点は，クリアリング・ア・スペースについての議論であったと言うことができる。しかしその後，筆者はクリアリング・ア・スペースという文脈から次第に独立して，主体感覚の概念を論じるようになった。主体感覚の概念は，クリアリング・ア・スペースの議論で論じられている文脈の中には必ずしも収まりきれないと考えるようになったからである。

　そこで本章では，フォーカシングの研究において，クリアリング・ア・スペースを中心にして議論されてきた心理的距離の問題をまとめるとともに，

筆者が主体感覚の概念をクリアリング・ア・スペースの考え方から独立したところで検討するようになったのはなぜなのか，そして主体感覚の損なわれた体験・保持された体験はそれぞれ，心理的距離のとり方においてどのような特徴をもつと言えるかを論じることにする。

2．フォーカシング研究における議論

　ジェンドリン (Gendlin, 1981) はクリアリング・ア・スペースを，フォーカシング技法の最初のステップに置いている。それは具体的には，自分の内面に生じているさまざまな内的体験の全体をゆっくりとふり返り，どのような問題が自分の内面に緊張をもたらしているかを確認する作業である。このステップで，通常いくつかの「問題」が思い浮かぶことが多いが，クリアリング・ア・スペースで大事なことは，問題として感じたもののどれか1つにひっかかってしまうのではなく，それらをひとつずつ確認して並べ，「こういうものがある」というかたちで置いておくことである。ジェンドリンはこの作業を，問題からの手頃な距離を見いだし，内面に心地よい感じをもたらすものであると述べている。

　その後，彼 (Gendlin, 1984) は，当初はこのステップをフォーカシングを行う前の準備的な作業と考えていたのが，例えばガン患者へのフォーカシングの適用などの臨床実践を行ってみると，このステップ自体によってクライエントに「よい身体的エネルギーが沸き起こる」ことを発見したと述べている。クリアリング・ア・スペースは，単にフォーカシングを行う前の準備的作業ではなく，それ自体が臨床技法として高い有用性をもつことが発見されていったのである。クリアリング・ア・スペースを中心にした事例はこれまで，Kanter (1982)，McGuire (1982)，Grindler (1982)，増井 (1984)，弓場 (1985) などによって報告されている。

　その後，このテーマは，フォーカシングにおいてクライエント（フォーカサー）が思い浮かべた問題から距離がとれず，その問題に圧倒されているときに，それからいかにして距離を置くかという議論へと発展していった。心理的距離のテーマである。近田輝行 (1997) はそれを，「『間』をとること」

と呼んで,「間」を「近すぎもせず,遠すぎもせず,気がかりや問題とつき合っていられる適当な心理的距離」であると述べている。

このテーマについて,ヒンターコプフ(Hinterkopf, 1998)は,問題に伴う圧倒されそうな感情や行き詰まったり滞ったり分裂してしまった部分を自分の外に出すことによってフェルトセンスが形成されやすくなること,そうなればその問題は圧倒するようなものではなくなり,「何が出てくるかな」と好奇心を持ち,その事柄全体に友好的な態度を保つことができると述べ,適切な心理的距離を持つことの重要性を強調している。

一方,コーネル(Cornell, 1993)は,クリアリング・ア・スペースのステップが必要になるのはフォーカサーが問題に巻き込まれやすい,問題に近すぎる(too close)場合に限られると考えている。逆に問題の感じを感じにくい,問題から遠すぎる(too distant)場合には,クリアリング・ア・スペースを行うことでますます体験から離れてしまうおそれがあるので,それをフォーカシングの最初のステップとして誰にでも教えることには反対している[これは,福盛英明(1999)によるこのテーマについてのレビュー論文を参考にして,筆者なりにまとめたもの]。しかしコーネルの場合も,問題から適度な心理的距離(distance)をとることの重要性を認めることにおいては,同じ立場に立っていると言えるであろう。

第2節 主体感覚の概念にもとづく考察

1. 主体感覚の概念の出発点

前節にまとめてきたように,フォーカシングの研究においてクリアリング・ア・スペースや心理的距離のテーマで議論されてきたことは,筆者が主体感覚について検討してきた内容と重なる部分が多い。というよりもむしろ,主体感覚の概念の出発点はクリアリング・ア・スペースの考え方にあったと言うのが正しい。

筆者(吉良, 1992)は,心理療法におけるクリアリング・ア・スペースの意

義を論じた論文において，主体感覚という用語をはじめて用いた。その論文では，5人の臨床家が実践した，クリアリング・ア・スペースを主眼にした5つの事例の報告を概観したうえで，クリアリング・ア・スペースに含まれる心理的作業として，3点を取り出した。その3点とは，フェルトセンスを手掛かりにして問題感を確認・特定すること，問題感に対処しうる能動性の感覚が賦活されること，問題感から分化した主体の感覚が賦活されること，であった。

この3点は，まだ十分に吟味されたものではなかったが，第7章で明確にした主体感覚の概念の基本的な定義である「体験に伴う自律性の感覚」に直接つながるものであった。つまり筆者はクリアリング・ア・スペースの検討から，体験に伴う自律性の感覚（主体感覚）の重要性に気づいたと言うことができる。

2．クリアリング・ア・スペースの考え方との相違点

その後しだいに，筆者はクリアリング・ア・スペースや心理的距離という考え方には直接言及することなしに，主体感覚について論じるようになった。クリアリング・ア・スペースの考え方からは一歩離れたところで，主体感覚について考えようとしてきたのである。その理由として3点をあげることができる。1点目は何を心理療法の目標と考えるかという理論にかかわることであり，2点目は臨床技法にかかわることである。そして3点目は心理的距離の問題についての筆者独自の考え方にかかわることである。この3点目については節を改めて次の第3節で検討することにし，ここでははじめの2点について論じていく。

(1) 心理療法の目標設定についての違い

まず理論にかかわることについて述べる。上述したように，クリアリング・ア・スペースはジェンドリンによってフォーカシング技法の最初のステップとして位置づけられたものであり，その後のフォーカシング研究の流れのなかでは，問題となる体験に適切に関わるために必要な心理的距離の問

題として議論されてきている。つまり,「直接のレファランス・概念化」というフォーカシングのプロセスが生じるための前提として必要になる心理的距離の問題として論議されているのである。このように,フォーカシング研究の文脈においては「直接のレファランス・概念化」のプロセス(ジェンドリンの用語では「体験過程の推進」と表現されているもの)が生じることが心理療法が展開するための鍵であり,それが生じることを心理療法の目標としていると言うことができる。クリアリング・ア・スペースや心理的距離に関する議論は,「直接のレファランス・概念化」のプロセスが適切に進むための前提となる必要条件の検討として行われているのである。

これに対して筆者は,「直接のレファランス・概念化」という心理作業の結果として自律性を伴った体験が可能になること,そしてさらに,「直接のレファランス・概念化」が生じにくい事例においては体験を構成する3つの側面(認知面,情緒面,身体感覚面)のいずれかに変化を生み出すアプローチによって体験に変化が起こり,その結果として自律性を伴った体験が可能になることを見いだしてきた。そしてそれを「主体感覚の賦活化」と呼び,それを心理療法の目標となる体験の変化ととらえて論じているのである。

このように,クリアリング・ア・スペースと主体感覚の賦活化とでは,何を心理療法の目標となる体験の変化ととらえるかという根本のところで,大きな相違が存在する。筆者にとっては「直接のレファランス・概念化」そのものが心理療法の目標ではない。主体感覚の賦活化が目標であり,「直接のレファランス・概念化」はそのための道筋の一部にすぎないのである。研究の当初,主体感覚の考え方のアイデアがクリアリング・ア・スペースの検討から得られたのは事実であるが,その後の理論的な展開にもとづいて,筆者はクリアリング・ア・スペースの考え方から大きく離れていったと言うことができる。

(2) **臨床技法の違い**

次に臨床技法にかかわることについて述べる。臨床技法の面から見ると,クリアリング・ア・スペースでは,問題から距離をおくことを教示によって

指示する教示主導的な方法が行われている。「その問題を自分から少し離れたところに置いてみて下さい」とか「その問題はそこに置いたまま，少し後ろに下がって問題全体を見渡してみて下さい」とか，あるいは視覚イメージを用いて「その問題を入れておくのにぴったりする容器を思い浮かべて，その容器の中にその問題を入れたつもりになってみて下さい」などの教示である。

たしかにそのような教示も，臨床技法として有効な方法であると考えられる。しかし筆者は，そのような教示を中心的な方法として用いていない。そうではなく，第2部の事例研究のところで論じてきたように，クライエントとセラピストの相互作用によって心理療法面接の場の体験の性質が変化することに着目し，そこに主眼をおいて，クライエントに介入する方法を検討してきた。教示主導的な方法よりももっと広い範囲の，クライエントとセラピストの言語的非言語的相互作用を臨床技法に含み込んできたのである。筆者の関心の中心は，クライエントとセラピストとの相互作用によってクライエントの体験の様式に変化が生じる過程とそれを促す方法にある。

このように，臨床技法の面から見たときにも，筆者の考えてきたことはクリアリング・ア・スペースの文脈では十分論じられなくなってきたのである。本研究ではクリアリング・ア・スペースの文脈よりももっと広い文脈の中で，臨床技法を考える必要があったと言うことができる。

以上のことから，筆者はクリアリング・ア・スペースの議論からは独立したところで主体感覚の考えを論じることになった。クリアリング・ア・スペースの検討を出発点にしてそれを発展させることにより，主体感覚の概念を中心に据えた独自の理論と技法を展開することになったのである。

第3節　主体感覚の賦活化と心理的距離

筆者は主体感覚の損なわれた体験について検討するなかで，心理的距離の問題に関して独自の考えをもつようになった。そこでここでは，筆者が心理的距離の問題についてどのように考えているかを述べるとともに，本研究で

第8章 主体感覚と心理的距離　　　　　　　　　　　　　　　　　133

主体感覚の賦活化と呼んで論じてきたことが心理的距離のとり方から見るとどのような状態を指すことになるのかを論じていきたい。そのことによって，フォーカシング研究において論議されている考え方と筆者の考えとの共通点ならびに相違点が明らかになると考えられる。そしてさらに，前章に述べたこととは異なる観点から，主体感覚について明らかにすることができると考えられる。

1．心理的距離の近すぎる体験・遠すぎる体験

フォーカシングにおいては，問題からの心理的距離が近すぎる体験が生じている場合，問題から遠ざかり，もっと離れたところから問題を眺められるようになることが重視されており，それを促すような教示が行われる。それがクリアリング・ア・スペースと呼ばれている心理作業である。これを図に示せば，図12のようになると考えられる。

問題からの心理的距離が近すぎる（a）に視点があるような体験の場合に

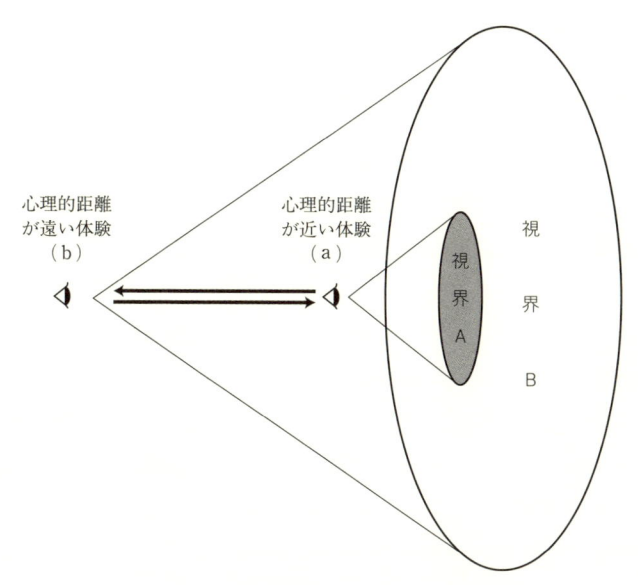

図12　心理的距離が近い体験・遠い体験

は，自分の内界を見ようとしてもその視界は限られている（視界A）。そしてヒンターコプフ（Hinterkopf, 1998）が述べているように，そのような体験においては問題に伴う圧倒されそうな感情に襲われたり，行き詰まりや停滞が生じやすくなる。彼女のこのような論述に見られるように，問題からの心理的距離が近すぎる体験についての記述は，筆者の言う主体感覚の損なわれた体験の状態の記述と共通性がきわめて高い。そしてそのような場合に，フォーカシングではクリアリング・ア・スペースの作業を行うことによって視点を遠ざけ，広い視界で内界を見れるようにすることが促されるのである。

一方，問題からの心理的距離が遠すぎる（b）に視点があるような体験の場合には，自分の内界を見る視界は広い（視界B）。しかしその場合には，問題についての実感があまり伴わなくなる。心のあり様を事実として見ることはできるが，それがどんな感じか感じることは難しい状態である。そのため，自分の問題を人ごとのように説明するような傍観者的な態度になりやすいのである。そのような場合には，フォーカシングでは問題の実感を確かめていく（すなわち問題との心理的距離を縮めていく）ような働きかけが行われることになる。

2．主体感覚の損なわれた体験に見られる心理的距離のとり方の特徴

(1) 心理的距離の近すぎる体験と遠すぎる体験の混在

さて，主体感覚の損なわれた体験においては，心理的距離のとり方にはどのような特徴が見られるであろうか。上述したことからすると，主体感覚の損なわれた体験とは，問題からの心理的距離が近すぎる体験と同じもののように見えるかもしれない。しかし筆者は，必ずしも簡単にそうとは言いきれないように思う。

筆者はさまざまな事例に接するなかで，主体感覚の損なわれた体験が生じているクライエントにおいては，問題からの心理的距離が近すぎる体験と遠すぎる体験とが混在するような状態が生じているという印象を受けてきた。彼らは，問題に伴う強い情緒や身体感覚に圧倒され振り回されている。しかしそれについて語る語り口は傍観者的であったり説明的であったりして，実

第8章 主体感覚と心理的距離

感が伝わってきにくいように感じられるのである。

　例えば，第3章に報告した事例Eでは，クライエントは#1で「自分のやりたいこと，考えていることがわからない」と述べており，さらに，第3章で検討したように，#4での「感情自体がなくなったようなかんじで，何にも関心がない」という発言を取り上げて対話を行うなかで，「直接のレファランス・概念化」のプロセスが生じた。また第4章に報告した事例Fでは，#43でクライエントは「前は『もっと友達を作らないといけない，だから作ろう』と頭で考えるかんじだったのが，これまでここ（心理面接）に来て，今は『自分はこんなに緊張している，これだと友達は作れないなー』と，自分のことだなあと思うようになった」と語っている。そしてそのことについて筆者は，以前は標語のように観念としてしか自分の問題を考えにくかったのが，心理療法を通じて，自分の体験のあり様をたしかな実感として感覚的に感じることが可能になってきたようであった，と述べた。このように，事例E・Fのどちらにおいても，クライエントは心理療法の開始の頃には，自分の感じていることを実感としてつかみにくい状態にあったと考えられる。

　したがって，このような主体感覚の損なわれた体験の状態にあるクライエントが自らの体験について語ろうとすると，傍観者的，説明的になってしまうことになる。本研究で，体験的応答によって「直接のレファランス・概念化」が生じること（すなわち，自らの実感を明示的な意味として確かめていくこと）が主体感覚の賦活化につながることを示してきたが，それは上記のような臨床的事実と対応していると言えるであろう。主体感覚の損なわれた体験とは，「強い情緒は生じているが，そこに実感が伴わない」体験と言いうるものである。

　このような筆者の考えに近い論述としては，ジェンドリン（Gendlin, 1964）が「直接のレファランスではないもの」として「全くの情動そのもの」（sheer emotions）をあげていることに注目できる。暗々裡の体験に直接のレファランスを行うことによって実感を感じることと，強い情動が生じることを，ジェンドリンは全く異なるものと考えているのである。このように，強い情動が起こっていることと実感を感じることとは，明確に区別して考え

るべきことである。

　以上に述べてきたように，問題からの心理的距離が近すぎて強い情動に襲われているような状態も，問題からの心理的距離が遠すぎて傍観者的な態度になっているような状態も，実感を感じにくいことにおいては共通していると考えられる。フォーカシングの研究者の間では，心理的距離が近すぎる体験と遠すぎる体験を正反対の位置においた議論がなされているが，筆者にはこの両者が対極にあるものとは思えない。むしろとても近似した体験の状態のように思われる。そして主体感覚の損なわれた体験においては，この両者が混在していると考えるのである。

(2) 心理的距離の調整の失調

　さらに重要なこととして，もう1点あげておきたい。それは，主体感覚の損なわれた体験に陥っているクライエントの場合，彼らの視点は（a）の位置や（b）の位置に張り付けられた状態になっていて，そこから視点を動かせなくなっていることである。彼らは問題となる体験について，自分にどのような体験が生じているのかを実感を伴って感じることができないまま，その体験に振り回されるような状態になっている。これは，問題を見る位置を自由に動かすことができない状態と言えるものである。筆者が「体験に振り回されている状態」という表現を用いているのは，傍観者的に眺める以外，その問題への関わり方を変えて遠ざかったり近づいたりすることが困難になっていることを指しているのである。

　彼らは，いろんな角度，いろんな距離から問題を見ることができなくなっている。いつも同じ視点，同じ位置から問題を見ることになるため，その体験は常同的な反復になってしまう。すなわち，主体感覚の損なわれた体験に陥っているクライエントにおいて，問題からの心理的距離が近すぎる状態とは「問題から遠ざかることができない」状態なのであり，問題からの心理的距離が遠すぎる状態とは「問題に近づくことができない」状態なのである。このように，主体感覚の損なわれた体験においては，いろんな心理的距離の位置にスムーズに移動してズーム・イン，ズーム・アウトを行うような体験

の自律性が損なわれていると考えられる。すなわち，心理的距離の調整の失調状態が生じているのである。

3．心理的距離のとり方から見た
主体感覚の損なわれた体験・保持された体験

以上に述べてきた考えに立って，筆者は，主体感覚の損なわれた体験とは，問題からの心理的距離が近すぎる体験と遠すぎる体験とが混在している状態と考える。心理的距離が近すぎる体験と遠すぎる体験とは，どちらも不自由さを伴っている。すなわち，どちらも体験に自律性が持てず，問題からの心理的距離をとって遠ざかることができずに問題に密着したまま離れられなくなったり，あるいは問題から心理的に離れたまま近づけず遠い距離から傍観者的に眺めることしかできなくなったりしているのである。

一方，図12を用いて筆者の考える主体感覚の保持された体験の特徴を示せば，それは，（a）の位置と（b）の位置との間をスムーズに動いて，心理的距離を自律的に遠ざけたり近づけたりすることができるような状態と言うことができるであろう。すなわち，図中で（a）の視点と（b）の視点との間につけた両方向に向かう2つの矢印の動きが，主体感覚の保持された体験の状態を示している。主体感覚の保持された体験とは，問題に自ら近づいて実感を伴って問題に向き合ったり，問題から離れて距離をおいて眺めたりすることが自律的に可能な状態と言うことができるのである。

ここで述べてきたことについて誤解が生じないようにするために，次のことを付け加えておきたい。本書の序論に示した図2（11ページ）にも，主体感覚の賦活化・希薄化を示す，両方向に向かう2つの矢印が描かれている。しかしその矢印と図12の矢印とでは，その示す意味が全く異なっていることに注意を求めたい。図2に描いた右側の円（主体感覚の保持された体験）の状態は，図12での（a）と（b）の間を自律的に移動できるような状態（両矢印の動きが可能な状態）を意味している。一方，図2に描いた左側の円（主体感覚の損なわれた体験）の状態は，（a）あるいは（b）の位置に視点が張り付いてそこから動けなくなっているような状態（両矢印の動きが

できない状態）を意味しているのである。

4．クライエントとセラピストの相互作用による心理的距離調整の自律性の獲得

さて，ここで図13を参照していただきたい。この図は，第3章に示した図6の上半分だけを取り出したものである。第3章では，体験的応答がクライエントの主体感覚を賦活する作用を果たすことを説明するためにこの図を示したのであるが，そこで筆者は以下のように述べた。「体験的応答は，セラピストが主体感覚の保持された状態でクライエントの体験に関与するかたちで行われるものである。そしてそのことは，クライエントが自分の内面に静穏に向き合うことを促す。つまり，セラピスト自身が主体感覚の保持された状態でクライエントの体験にかかわり，応答していくことによって，クライエントの自分自身の内面への向き合い方も変化し，クライエントの主体感覚が賦活されることになると考えられる」。

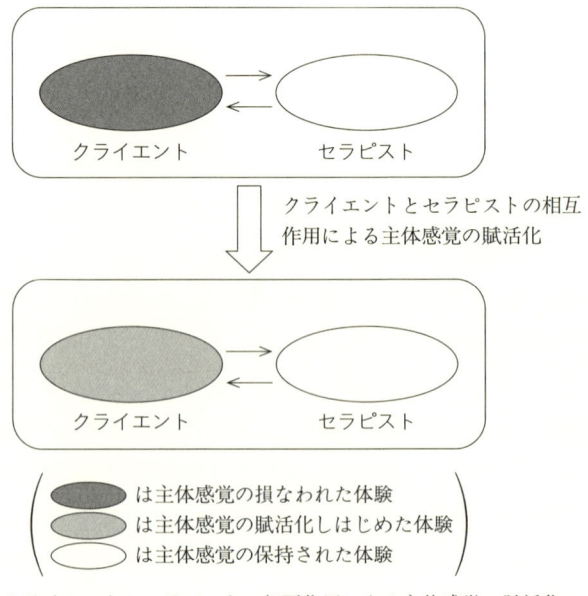

図13　クライエントとセラピストの相互作用による主体感覚の賦活化

第8章　主体感覚と心理的距離

　筆者がここで論じようとしているのは，このようなクライエントとセラピストとの相互作用は，第3章で述べたことに加えて，クライエントが問題からの心理的距離の調整に関わる自律性を獲得するのを促進すると考えられることについてである。図13に示したように，主体感覚の損なわれた体験の状態にあるクライエントに対して，主体感覚の保持された状態にあるセラピストが関わり，両者の間に相互作用が生じると，心理的距離の調整の失調状態にあるクライエントに対して，セラピストからさまざまな視点にもとづいた応答が発せられることになる。それは問題にぐっと近づいた位置からの応答であったり，逆に，問題からずっと遠のいた位置からの応答であったりすると考えられる。そのような応答は，心理的距離の失調状態にあるクライエントにとっては，自分ひとりで自分の問題に向き合っているときにはなかなか思いつかない視点にもとづいたものであるだろう。

　そのような相互作用によって，クライエントは抱えている問題に対してさまざまな心理的距離をとることを促されると考えられる。そしてセラピストとのそのような相互作用によって，クライエントは自ら問題に近づいたり，問題から遠のいたりするような自律性を取り戻すことが期待されるのである。これは心理的距離の調整の失調状態からの回復を促す作用と言えるものである。

　このような作用を果たすのは，セラピストの体験的応答だけではないであろう。体験的応答も含めて，セラピストがクライエントの問題に関心をもってさまざまな角度から関わる作業の総体が，このような作用をクライエントに及ぼすと考えられるのである。セラピストが主体感覚の保持された状態でクライエントに関与することには，このような意味があると考えられる。

　さらに，これまでのところで筆者は，セラピスト自身の体験の主体感覚が希薄化する危機状態について論じ，そこでセラピストが「直接のレファランス・概念化」を行うことで自らの体験の主体感覚を賦活することの重要性を強調してきた。このような危機状態とは，ここで論じているように，セラピストがクライエントの問題に巻き込まれて心理的距離が近すぎる状態に陥り，それから遠ざかることができなくなったり，あるいは問題からの心理的距離

が遠すぎる位置に張り付けられて近づくことができなくなった状態でもある。そしてセラピストが自らの主体感覚を賦活するというのは，そのような心理的距離の調整の失調状態を自らの力で脱して，その自律性を取り戻すことであるとも言える。さまざまな心理的距離からその問題を取り扱う自由度を保つことが，セラピストとして機能するための不可欠の要素となるのである。

第9章

主体感覚を賦活する心理療法のプロセス

第1節 主体感覚を賦活するプロセスの2種

　第2部の事例研究から得られた臨床的事実にもとづいて考えると，クライエントの主体感覚が賦活されるプロセスは，事例の性質によって2種に分けて記述することができると考えられる。この2種は，事例によってクライエントの体験の常同的反復傾向の強さの程度が異なるがゆえに，それに応じてセラピストの行うアプローチも異なってくることから，生じるものである。

1．体験的応答により主体感覚の賦活化が生じる事例（タイプⅠ）

　セラピストの体験的応答を通じて，「直接のレファランス・概念化」のプロセスが生じることにより，クライエントの主体感覚が比較的容易に賦活されるような事例が存在する。本研究での事例E（第3章）がそれに相当する。これは，体験の常同的反復傾向がさほど強くない事例において生じるプロセスであると考えられる。このような事例では，面接過程を通じて，一貫して体験的応答が主なアプローチとなる。

　ジェンドリンの「直接のレファランス・概念化」の理論，および「体験的応答」を中心とした技法は，このような事例においては十分有効である。彼の述べている理論・技法は，このようなプロセスをたどる事例を想定したものであると考えられる。

2. 体験の常同的反復傾向へのアプローチにより
主体感覚の賦活化が生じる事例（タイプⅡ）

一方，体験的応答を中心としたアプローチを行っても，それだけではクライエントの主体感覚が賦活されにくい事例が存在する。本研究での事例F（第4章）や事例G（第5章）がそれに相当する。このような事例では，体験的応答によって「直接のレファランス・概念化」が生じたとしてもそれがなかなか主体感覚の賦活化には結びつかなかったり（事例F），あるいは体験的応答を行っても「直接のレファランス・概念化」が生じなかったり（事例G）して，（少なくとも筆者にとっては）体験的応答だけではクライエントの体験の主体感覚を賦活することがなかなか困難である。

ではなぜ，このような事例においては体験的応答だけでは十分でないのかを考えてみると，それはタイプⅠの事例に較べて，タイプⅡの事例では主体感覚の損なわれた体験の常同的反復傾向がより一層強いからであると考えられる。第7章で述べたように，主体感覚の損なわれた体験の特徴のひとつとして，体験の常同的反復傾向が存在することがあげられる。しかし事例によってその強さは異なることが考えられる。本研究でタイプⅡにあてはまる2事例を見ると，事例F（第4章）の場合には長期間にわたって慢性的な緊張感や無力感が常にクライエントにつきまとい，のしかかっている状態であった。また事例G（第5章）の場合は強い自責感がクライエントを責めつづけており，それが面接場面でも頻繁に繰り返される状態であった。事例Fも事例Gも，主体感覚の損なわれた体験の常同的な反復傾向はかなり強い力を持つものであったと言うことができる。

したがって，このような事例においては，クライエントの体験の常同的反復傾向に明確に焦点をあて，それに変化を生み出すことをねらったアプローチが必要となる。筆者が事例F，事例G，事例Hによって示そうとしたのは，そのための具体的なアプローチの方法である。

次の第2節では，常同的反復傾向に変化をねらうアプローチの方法を論じることを中心にしながら，このタイプⅡの事例において生じる心理療法のプ

ロセスについての考察を行う。

第2節　タイプⅡの事例における心理療法のプロセス

タイプⅡの事例においてクライエントの体験の主体感覚が賦活されるプロセスは，以下の3つの局面に分けて述べることができる。

1．セラピスト自身の体験の主体感覚の希薄化とその賦活化

セラピストが体験的応答を行っていってもクライエントの体験の主体感覚が賦活化しにくい局面では，セラピスト自身の主体感覚が希薄化し，損なわれる危機が生じやすい。すなわち，クライエントとセラピストがともに主体感覚の損なわれた体験様式に陥ってしまいそうになる危機である。これは，クライエントの体験の常同的な反復傾向の力が強いために，それがセラピストの体験様式にも影響を及ぼし，セラピストの体験の主体感覚を希薄化させ損なわせてしまいそうになっている様相と言うことができる。本研究では，事例F・Gでそのような局面が生じた。

筆者自身がセラピストとして，心理面接のこのような局面をどのように感じていたかを言葉にすると，自分の拠りどころとする臨床技法（体験的応答）が意図した効果を達成できないことで，その事例の面接を進めていくのに何を基準にしたらよいのかが見えにくくなり，クライエントに振り回されるような状態になっていたと感じられる。体験的応答が思ったような効果を生み出せない局面で，筆者には心理療法を進めていく道筋が途切れて見えなくなるような不安定状態が生じたと言えるであろう[1]。

ここで注目すべきことは，このような局面でセラピストに生じる体験は，

---

1) 筆者にとっては「体験的応答」が基本的な臨床技法であるため，それが有効でない場合にこのような状態が生じたが，それはそれぞれの臨床家によって，その人が依拠する臨床技法が有効でない場合に，同じように生じる現象なのかもしれない。そのような局面でいかに次のプロセスを見つけ，作り出していくかが，心理療法の進展にとってきわめて重要な点であると考えられる。

体験様式だけでなく，体験内容においてもクライエントの体験と似てくることが多いということである。本研究の事例Fで生じた無力感ややりきれなさは，クライエント自身の体験内容（どうにもならないという無力感）と共通したものであったと考えられるし，事例Gの同様の局面でセラピストに生じた，自分に対するものともクライエントに対するものとも判別のつかない苛立ちは，クライエント自身の自責感（自分に苛立ち，自分を責める傾向）と共通した内容のものであったと考えられる。セラピストとクライエントは，このような同型的な体験に陥りやすいと言うことができる。

このような局面において，セラピストは自分がこのような体験様式に陥っていることに気づき，自らの主体感覚を賦活していく必要がある。このことは，セラピストとしての機能を果たすうえで非常に重要な，セラピストに不可欠の能力であると考えられる。そしてこれは，セラピスト自身の「直接のレファランス・概念化」の能力と大きく関連していると考えられる。セラピストは，面接の場での自分自身の体験について「直接のレファランス・概念化」を行い，そこで自分が感じていることを感じとり，気づくことによって，自らの体験の主体感覚を賦活していくことが可能になると考えられるからである。

2．体験を構成する3側面のいずれかに焦点をあてたアプローチ

上に述べたように，セラピスト自身の体験の主体感覚が賦活化できていることが大前提となるが，そのうえで，セラピストは，クライエントの体験が同じような内容で常同的に反復している傾向に目を向け，それに直接アプローチするための方策を探していく必要がある。

どのようなアプローチが有効であるかは事例の個別的な特性にも大きく左右されるが，筆者は本研究において，体験を構成する3つの側面に着目し，そのうちのいずれかの側面に焦点をあてたアプローチが有効であることを示してきた。すなわち，体験の認知的側面（意味づけの偏り），情緒的側面，身体感覚的側面の3つの側面のいずれかの中から変化につながりやすい側面をみつけ，それに変化を生み出すようなアプローチを行っていく方法である。

第9章　主体感覚を賦活する心理療法のプロセス　　145

　本研究の第2部に示した事例F・事例G・事例Hの場合，面接過程で，この3つの側面のいずれかに明らかに固定的反復的な構造が存在することが確認された。

　事例Fでは，体験の認知面で達成感や充足感がクライエントの体験から排除され，体験に組み込まれにくいことが確認できた。そこでセラピストは自分に感じられるそのような側面を言語化してクライエントに伝えていった。

　事例Gでは，体験の情緒面で激しい自責感を伴った抑うつ気分が固定的に反復されていた。そこでセラピストは言葉遊びや比喩を用いることによって面接の場に遊びの雰囲気を生み出すようなアプローチを行っていった。

　事例Hでは，クライエントが自分の問題を身体感覚として表現する傾向があったため，問題を身体の姿勢で確認させ，それとは正反対の姿勢をとることによって問題に対処することをクライエントに提案した。

　以上のようなアプローチを行うことにより，体験のその側面に変化が起こると，それはその側面だけに留まらず，他の側面にも変化を生み出すことが確認された。事例Fでは，認知面へのアプローチの結果，面接の場で語られる対人関係の話題に含まれる情緒が柔らかいものに変わっていくことが確認されたし，事例Gや事例Hでは，情緒面あるいは身体感覚面の変化につれて，認知面での新しい気づきが発生することが確認できた。体験は当事者にとって，それ以上分割することのできない，トータルなものである。このため，そのうちのある側面に変化が起こることは，同時に他の側面の変化にもつながることになると考えられる。

　このように，体験を3つの側面に分けて見ることは，クライエントの体験の常同的反復傾向へのアプローチを探るうえで，有効な見方であると考えられる。

3．体験の常同的反復が軽減した局面での体験的応答の有効性

　以上のようなアプローチを行うことにより，クライエントの体験の常同的反復傾向が軽減し，新たな体験内容がいろいろと語られるようになった局面では，体験的応答を通じて「直接のレファランス・概念化」のプロセスを促

進することが，再び有効な方法となると考えられる。つまり，タイプⅡの事例において問題となるのは体験の常同的反復傾向であり，それが軽減すれば，タイプⅠの事例と同様，体験的応答によるアプローチが可能になるのである。

　本研究の事例Fでは，イライラした不快な気分や無力感の反復が軽減してきた第3期に至って，クライエントの語る病気の母親への思いや，きょうだいたちへの思い，また就職活動についての思いなどを丁寧に感じとり，概念化していくのを促進する方法として，体験的応答は有効な方法となった。

　事例Gでは，自責的発言が減少し笑いが生まれるようになった第3期に至って，面接の話題は人間関係のことに加えて将来の進路やアルバイトなどのことに広がっていった。その局面でセラピストが行ったことは，クライエントの感じていることを聴き取って概念化を促すような，体験的応答を中心としたものであった。

　（事例Hでは，身体の姿勢へのアプローチによって，自分の臭いについての不安に対処できるようになってきた段階で心理療法が終結になったため，これに相当する局面は行われなかった。）

　以上のように，タイプⅡの事例においては，まずセラピスト自身の体験の主体感覚が希薄化していることに気づいてそれを賦活することが必要であり，さらにそのうえで，体験を構成する3つの側面のいずれかにアプローチすることによってクライエントの常同的に反復する体験に変化を生み出すことが課題となる。それが達成された段階に至ってはじめて，タイプⅠの事例と同じように，体験的応答を中心としたアプローチが有効な方法となるのである。

第3節　2つのタイプの心理療法のプロセスの統合的把握

　本章ではここまで，クライエントの体験の主体感覚が賦活されるプロセスについて，事例によって異なる，2つのタイプがあると考えて考察を行ってきた。

　しかしこの2つのタイプの心理療法のプロセスは全く別種のものではない。

どちらのタイプにおいても心理療法面接の出発点は体験的応答である。しかしセラピストの行う体験的応答が生み出す効果が事例によって異なるため，それに応じて，セラピストのアプローチの方法も異なってくることになる。そのために2つのタイプに分かれるのである。また，両タイプの途中の経過は異なるが，その最終局面では体験的応答に戻る点でも，両タイプは共通している。

　以上のことから，これまで分けて論じてきたタイプⅠ，タイプⅡの心理療法のプロセスを，統合して把握するための図を作成した。それが次ページの図14である。

　図14において，心理療法の出発点は図の中ほどに位置している。ここで体験的応答がクライエントの体験の主体感覚を賦活する効果を持つ場合には，タイプⅠのプロセスとなる。この場合は，一貫して体験的応答が中心的な面接技法となる。

　一方，心理療法の出発点における体験的応答がクライエントの体験の主体感覚を賦活する効果を十分に持たない場合には，タイプⅡのプロセスをたどることになる。この場合には，セラピスト自身の体験の主体感覚が希薄化して損なわれがちになり，クライエントとセラピストが同型的な体験の状態に陥る危険性が存在する。そのため，セラピストが自ら「直接のレファランス・概念化」を行うことによって自分の体験の主体感覚を賦活していくことが必要になる。次いでそれを基盤にして，クライエントの体験の常同的反復傾向をゆるめるアプローチを見つけ，行っていくことになる。本研究ではその具体的方法として，体験の認知面，情緒面，身体感覚面のいずれかにアプローチする方法を論じた。このような段階をたどった後で，クライエントの体験の常同的反復傾向が軽減した局面では，タイプⅠと同じように，体験的応答を中心としたアプローチが可能になるのである。

148　第3部　考　察

心理療法のプロセス	主体感覚の観点からみたクライエント―セラピスト関係 （◯は主体感覚の保持された体験 ◯は主体感覚の損なわれた体験）	主となるアプローチ
→心理療法の出発点 （タイプⅠ）（タイプⅡ）	クライエント⇄セラピスト ［セラピストは自らの主体感覚が損なわれる危機に対処し，自らの主体感覚を賦活する］ クライエント⇄セラピスト ［クライエントの体験の常同的反復傾向に焦点をあてたアプローチを行う］ クライエント⇄セラピスト ［心理的困難を訴えるクライエントに対し体験的応答を中心としたアプローチを行う］ クライエント⇄セラピスト ［面接の場でのクライエントの主体感覚が賦活される］ クライエント⇄セラピスト ［日常生活の場でのクライエントの主体感覚が賦活される］	（体験の常同的反復傾向をゆるめるアプローチ）＝体験の三側面（認知面・情緒面・身体感覚面）のいずれかに焦点をあてたアプローチ （直接のレファランス・概念化の促進）＝体験的応答

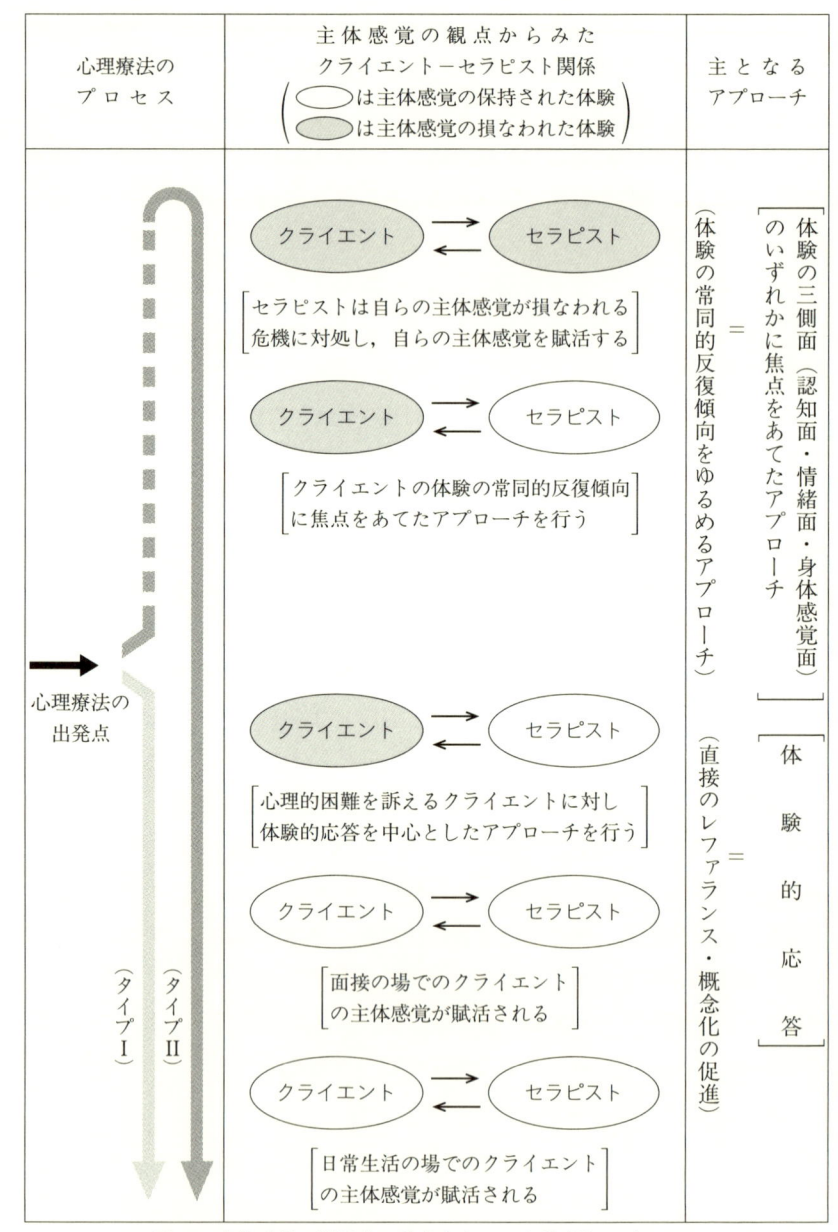

図14　主体感覚の賦活化に焦点をあてた心理療法のプロセス

第10章

本心理療法論の特徴

第1節　本研究において提示した心理療法論の特徴

1．ポジティヴな変化への着目

　心理療法過程を理論化するさいに，クライエントに生じているネガティヴな傾向（不適応傾向）に着目して，それがいかに解除されるかを説明しようとする理論化と，クライエントのポジティヴな傾向（適応的傾向）に着目して，それがいかに拡大していくかを説明しようとする理論化とがありうる。

　本研究の中心概念である「主体感覚」は，この後者に相当するものである。主体感覚は，われわれが日常的な生活を営むうえでの基盤となるものであり，それが損なわれることは大きな苦痛となる。すなわち，主体感覚の賦活化は，心理療法の目標となる，クライエントのポジティヴな傾向を明確にしたものである。その意味で，本研究は，心理療法においてクライエントにどのようなポジティヴな傾向が拡大してくるのか，それはどのようにして促進されるのか，という観点を軸にして論じられた心理療法論であると言うことができる。

　この点は，ジェンドリンの体験過程療法の観点と共通している。ジェンドリンの体験過程の理論は，心理療法においてクライエントがとるポジティヴな行動を記述・理論化したものであり（Gendlin, 1964），クライエントが心理療法をうまく利用できているときにクライエントに起こっているプロセスを理論化したものと言うことができる。心理療法場面でクライエントに生じる

ポジティヴな変化に着目する点では，本心理療法論はジェンドリンの基本姿勢を引き継いでいると言える。

しかしその一方で，本研究では，主体感覚の賦活化がなかなか困難な事例においては体験の常同的反復傾向が顕著であること，そしてその場合はその傾向に焦点をあてた直接的なアプローチが必要となることを示した。つまり，クライエントのポジティヴな傾向を拡大していくためには，それを妨げているネガティヴな傾向に焦点をあてたアプローチが必要であることを論じた。その意味では，本心理療法論は，クライエントに生じているネガティヴな傾向（不適応傾向）に着目し，それをいかにして解除していくかという観点も併せ持っている。そのような考え方はジェンドリンの理論・技法には見られないものである。

本研究の出発点は，ジェンドリンの理論・技法だけではなかなか体験に変化の起こりにくい事例におけるアプローチの方法を検討していくことであった。そこではクライエントのポジティヴな傾向だけでなく，ネガティヴな傾向（不適応傾向）をも視野に入れて理論化を行うことが必要になったと言うことができる。

2．体験の感覚の次元への着目

主体感覚は，クライエントに実感として感じられているような，「感覚」の次元のものである。第1章に述べたように，本研究はクライエント，セラピスト双方に手応えをもって具体的に感じられる体験を軸にしている。心理療法の臨床実践にさいして，このような「感覚」の次元でクライエントを理解し，アプローチの方策を探っていこうとするのである。本研究では，クライエントが感覚的に感じている体験の実感から離れたところでの概念化はなるべく行わず，できるだけ体験の実感に密着したところで，心理療法論を論じようとしてきた。

このため，筆者は本研究において，何らかの心理的機能体としての「主体」というものは想定せずに理論化を行ってきた。序論にも述べたように，「主体」というものを想定すれば，それは当事者の実感から離れた概念を設

定することになると考えたからである。本研究ではそのような心理的機能体としての「主体」というものは設定しないが、その一方で、体験の当事者としての主体意識の拠り所となるような具体的な感覚はたしかに存在すると考え、それを「主体感覚」と呼んだのである。

先に第1章で述べたように、成瀬は心理療法における治療原理について、従来から言われている「洞察原理」（ことばを主な媒体とする知的理解を中心とした治療原理）、「行動原理」（外部に表れた行動そのものだけを基準にした治療原理）と対比するかたちで、「体験原理」（自己自身の只今現在の活動についての内的な実感の変化）の考え方を提出しており、それが治療上、より基本的で重要であると考えている。

本研究もこの「体験原理」の立場に立つものであるが、この考え方のポイントは、クライエント自身に具体的に感じられている実感を軸にして心理療法を論じようとする点にあると考えられる。本研究の鍵概念である「主体感覚」は、クライエント自身に実感として感じられる次元で、心理療法の目標となる変化の方向性を示すものである。この点に、本研究の特徴があると言うことができるであろう。

3．セラピスト自身の体験の感覚を手掛かりとした心理療法論

クライエントに生じる主体感覚の賦活化は、セラピスト自身の体験の感覚を通じてとらえられる面を持っている。それは、セラピスト自身に柔らかさ、伸びやかさなどの体験の感覚として感じられるものである。また、クライエントの主体感覚が賦活化されにくい場合にも、セラピストの体験に特有の変化が生じる。そのような局面ではセラピストの体験の主体感覚が希薄化し損なわれがちである。このように、クライエントの主体感覚の様相は、それが賦活される場合にも、損なわれた状態が続き賦活されにくい場合にも、セラピスト自身の体験の感覚を手がかりとしてとらえられるものである。

すなわち、本研究で論じている「主体感覚」論は、面接の場におけるセラピスト自身の体験の感覚を手掛かりとした心理療法論であると言うことができる。セラピストは自らの体験の感覚を通じてクライエントの体験のあり方

をとらえ，クライエントへのアプローチの方策を工夫し試みる。そしてそのアプローチが適切であったか否かもまた，面接の場における自分自身の体験の感覚を通じて確かめていくことになる。

第2節 本心理療法論におけるねらいの二層性と両者の関係

1．本心理療法論におけるねらいの二層

本研究で検討している心理療法論をより明確にするために，その「ねらい」を，2つの層に分けて論じる必要があると考えられる。すなわち，以下の2つである。

(1) アプローチの意図としてのねらい

これは，具体的なアプローチの方法が直接意図しているねらいのことである。本研究では，クライエントに対するアプローチとして，「体験的応答によるアプローチ」と，「体験の常同的反復傾向へのアプローチ」（体験の認知面，情緒面，身体感覚面の中から変化につながりやすい側面を見つけ，それに変化を生み出すアプローチ）とを論じてきた。前者の「体験的応答によるアプローチ」が意図するねらいは，「直接のレファランス・概念化」を生じさせることである。また，後者の「体験の常同的反復傾向へのアプローチ」が意図するねらいは，体験の常同的反復傾向を軽減させることである。

(2) 心理療法の目指す方向としてのねらい

これは，心理療法によってクライエントにどのような変化を起こすことを目指しているかという，心理療法の目標となるねらいのことである。本研究で論じてきた心理療法論の「目指す方向としてのねらい」は，クライエントの体験の主体感覚を賦活することである。セラピストは面接を行いながら，クライエントの主体感覚の様相に注意を向け，心理療法がその方向に進んでいるかどうかを常に確かめている。すなわち，この「目指す方向としてのね

第10章　本心理療法論の特徴　　　153

らい」は，心理療法面接を進めていくための羅針盤のような機能を果たすものであると考えられる。

2．本心理療法論におけるねらいの二層の関係

本研究においては，「心理療法の目指す方向としてのねらい」はクライエントの体験の主体感覚を賦活することにある。しかしそのためのアプローチの方法は，事例によって，また心理療法面接の各局面によって異なっている。「アプローチの意図としてのねらい」は，事例の特性や，面接の展開の局面によって変えていく必要があると言える。

逆に言うと，「アプローチの意図としてのねらい」は達成されたとしても，それがクライエントの主体感覚の賦活化に結びつかないとしたら，その事例のその局面においては，それは有効なアプローチであったとは言えない。例えば，本研究の事例Fの面接過程の初期の段階では，体験的応答により概念化が生じたが，それはその局面ではクライエントの体験の主体感覚の賦活化にはつながりにくかった。そこでセラピストは，クライエントの体験の常同的反復傾向に焦点を当てたアプローチを行っていくことになった。すなわち，ある事例のある局面での「アプローチの意図としてのねらい」の有用性や臨床的妥当性は，それが「目指す方向としてのねらい」（主体感覚の賦活化）につながっていることが確かめられることによってはじめて確証されると言うことができる。セラピストは自分自身の体験の感覚を手掛かりとしてクライエントの主体感覚の様相をとらえ，それによって，現在行っているアプローチが有用であるかどうかを検証しようとしているのである。

第3節　体験の受動性・能動性をめぐって

ここでは，第9章の図14に示した「主体感覚の賦活化に焦点をあてた心理療法のプロセス」について，体験の受動性・能動性の観点から再検討する。と言うのは，本研究では体験の「自律性の拡大」に焦点をあてた心理療法論を展開してきたが，この「体験の自律性」は「体験の能動性」とは異なるこ

とを明確にする必要があると考えるからである。

　[筆者は当初，主体感覚を「自分自身が主体的，能動的にある体験をしているという感覚のこと」(吉良，1995),「体験に伴う主体性・能動性の感覚」(吉良，1997a) と定義していた。しかし本研究をまとめるにあたり，それを改め，「体験に伴う自律性の感覚」と再定義した。そのように改めたのは，ここで論じるように，筆者が主体感覚という用語で論じているのは体験の能動性ではなく，自律性のことであると考えるに至ったからである。]

　クライエントの主体感覚が賦活化することにより，結果的には，クライエントに能動的な体験が拡大すると言うことができる。第2部での，事例Eや事例Fに見られた対人関係の拡大，事例Gに見られたアルバイトなどの社会生活の拡大などは，体験の能動性が拡大することによって生じた行動面の変化と言えるであろう。

　しかし筆者は，主体感覚の賦活化とは「体験の能動性」の拡大ではなく，「体験の自律性」の拡大であると考えている。たしかに主体感覚の賦活化の結果として，能動的な体験の拡大は生じるが，それはあくまで結果としてである。むしろ筆者は，重要なポイントとなるのは，主体感覚の賦活化によって「自律性を伴った受動的体験が可能になること」であると考える。それが可能になることによって，結果的に，能動的な体験が拡大すると考えられるからである。そこで以下に，前章の図14に示した本心理療法論のプロセスを，体験の受動性・能動性の観点から整理し直し，3つの段階に分けて順に論じることにする。(ここに述べることを図示すると，図15のようになる。これ

自律性の損なわれた受動的体験の反復を停止させる	(←体験の常同的反復傾向へのアプローチ)
⇩	
自律性を伴った受動的体験が可能になる	(←体験的応答によるアプローチ)
⇩	
自律性を伴った能動的体験が拡大する	

図15　体験の受動性・能動性から見た本心理療法論のプロセス

は第9章に示した図14を，体験の受動性・能動性の観点から説明するものである。）

(1) 自律性の損なわれた受動的体験の反復を停止させる

図15に示したプロセスのうち，体験の常同的反復傾向にアプローチを行う段階は，自律性の損なわれた受動的体験の反復を停止させる働きかけと言うことができる。

「体験の常同的反復傾向」とは，同じような内容の体験を繰り返し引き起こすような力が，クライエント自身のコントロールを越えて働いていることを意味している。すなわち，そこでは「自律性の損なわれた受動的体験」が繰り返し生じている。この反復傾向を持った体験に対しては，積極的にアプローチし，それを停止させる必要がある。つまり，自律性の損なわれた受動的体験の反復に対しては，それに介入することによって停止させる必要があるのである。

(2) 自律性を伴った受動的体験が可能になる

体験の常同的反復傾向にアプローチすることによって，その傾向を軽減できた段階では，体験的応答により，クライエントに「直接のレファランス・概念化」のプロセスを生み出すことが有効なアプローチとなるが，これは，自分の内面に「自律性を伴った受動的な態度」で注意を向けることであると言うことができる。

すなわち，ジェンドリンの言う「直接のレファランス」とは，クライエントが自分の内面に自律性を伴った受動的な態度で注意を向けることに他ならない。筆者は，この「自律性を伴った受動的態度」が可能になることが，心理療法の展開の鍵となると考える。これが可能になった段階においてはじめて，体験的応答は有効な方法となると言うことができる。事例Eのような，心理療法の出発点から体験的応答が主体感覚を賦活化するうえで有効な事例とは，この「自律性を伴った受動的体験」が心理療法の当初から可能な事例であると言うことができるであろう。

(3) 自律性を伴った能動的体験が拡大する

「自律性を伴った受動的体験」の結果として，クライエントには能動的な体験が拡大していく。自らの内面に受動的態度で向き合い，それまでは気づいていなかった自らの一面を受け入れることにより，クライエントはその一面に振り回されなくる。その結果，クライエントには自律性を伴った能動的な体験が拡大していく。これまでは自らを脅かすものであった体験領域が，自分の一部と感じられるようになった結果，自らが能動的に動けるような体験領域が拡大していくのである。

以上に3つの段階に分けて論じてきたように，本心理療法論では，体験の自律性の拡大が中心的な作業となる。そして特に，「自律性を伴った受動的体験」が可能になることが重要なポイントであると考える。

この「自律性を伴った受動的体験」は，自己受容や自己理解の鍵となるものである。本心理療法論だけでなく，他の心理療法の理論・技法においても，それを生み出すためのさまざまな工夫が行われていると考えられる。

第4節 東洋的思考と西洋的思考との対比から見た本心理療法論の特徴

1. 非分割の視点と分割の視点

本心理療法論の特徴のひとつを取り出すのに，ワッツ（Watts, 1961）や伊東 博（大澤ら, 1999）の述べている東洋的思考・西洋的思考を対比する見方から本心理療法論を見ていくことが有益である。結論から言うと，本心理療法論は，東洋的思考・西洋的思考の両方の特色をともに生かすかたちで理論化を行っている。このことを，本心理療法論の特徴のひとつとして取り上げることができる。以下にその点を論じる。

ワッツ（Watts, 1961）は，仏教・道教・ヨーガなどの東洋的生き方は，西洋における哲学や宗教よりも，むしろ心理療法と類似していると述べている。

そして西洋的思考では分割することが思考の出発点にあるのに対して，東洋的思考では，根本的な分類であっても分割しようとしない点に大きな特徴があるとしている。また伊東（大澤ら，1999）も，西洋的思考に由来する心理療法あるいは心理学自体が心身二元論に立ち，多くは身体の軽視ないしは無視を含んでいること，その一方で「ボディ・アウェアネス」を強調する立場ではボディだけを見ることになっていることを指摘し，アウェアネスというのは身心一如のところにあるのにボディだけを見るのは不適切であると，身心一如の視点を述べている。このように，東洋的思考の特徴を「非分割の視点」，西洋的思考の特徴を「分割の視点」として取り出すことができる。

2．2つの視点の統合

本研究では，「非分割の視点」と「分割の視点」の2つの視点を統合し，その両方の視点を生かそうとしてきた。そのことを，本心理療法論の特徴としてあげることができる。このことを，「体験」のとらえ方，および「クライエント－セラピスト関係」のとらえ方の2つの領域について説明する。

(1) 体験のとらえ方における「非分割の視点」と「分割の視点」

本研究では第1章で述べたように，体験というものを，「当事者にとっては今の瞬間に全身的に感じられている単一の主観的事象」ととらえる一方で，それを外部の観察者から分析的に見れば，認知面，情緒面，身体感覚面の3側面に分けて見ていくことが可能であると考えた。そして主体感覚の賦活化を目標として体験の常同的反復傾向にアプローチするさいには，体験のこの3つの側面の中から変化につながりやすい側面を見つけ，それに焦点をあてたアプローチが有効であることを論じてきた。

このように，本心理療法論では「体験」という主観的事象を定義するのに，それをそれ以上分割しえないものとしてとらえるが，その一方で，体験へのアプローチの方法を検討するうえでは3つの側面に分割して分析的に見ることが有益と考えるのである。

(2) クライエントーセラピスト関係のとらえ方における
　　「非分割の視点」と「分割の視点」

　本心理療法論では，主体感覚の損なわれたクライエントとの心理療法を進める過程で，セラピスト自身の体験の主体感覚も希薄化し損なわれがちであることを見いだした。つまり，心理療法という相互交渉の場における主体感覚のあり方を見ていくと，自－他は明確に分けられず，非分割の視点が必要になることを示した。しかし一方で，そのような局面においてセラピストは，自分自身の主体感覚が損なわれていることに気づき，自らの主体感覚を賦活していく必要があることを述べた。すなわち，その局面でセラピストは，自－他の区別の不明瞭な状態から脱して，クライエントに振り回されない個としての自分を取り戻す必要があるのである。

　以上の2つの領域について述べてきたように，本心理療法論では，「非分割の視点」と「分割の視点」の両方の視点を統合し，生かそうとしてきた。心理療法の過程で生じる主観的現象をとらえるには，それをそれ以上分割できないものとして扱う「非分割の視点」が必要であるが，その一方で，セラピストが有効に機能するためには，セラピストに「分割の視点」が不可欠となると考えられる。

第 11 章

他の理論との比較検討

第 1 節　ジェンドリンの理論・技法の拡張と新たな展開

　ジェンドリンは，彼の体験過程の考えにもとづいた心理療法論を「体験過程療法」(Experiential Psychotherapy) と呼んでいるが，その理論では，体験の変化を「直接のレファランス・概念化」のプロセスの連続としてとらえている。すなわち，自分の内面の暗々裡の感覚に直接注意を向け，フェルトセンス (felt sense) として感じ取り，それを明示的なものにしていくこと（概念化）により，体験に変化が生じると考える。

　しかし実際に事例を通じて検討してみると，筆者が本研究で示したように，確かに「直接のレファランス・概念化」によって体験に変化の生じる事例（事例E）が存在する一方で，「直接のレファランス・概念化」のプロセスが起こっても体験には変化が生じにくい事例（事例F）や，「直接のレファランス・概念化」のプロセス自体が非常に起こりにくい事例（事例G）も存在することがわかる。

　このような臨床的事実を前にして，研究を進めていくうえでは，2つの方向がありうると考えられる。ひとつは，あくまでジェンドリンの「直接のレファランス・概念化」の理論を重視し，多様な事例に「直接のレファランス・概念化」を生み出すための方法を模索していく方向であり，もうひとつは，ジェンドリンの理論そのものを再検討することにより，体験の変化に関する理論的な拡張を行い，多くの事例に適用できる理論と技法を開発していく方向である。

筆者の行ってきた研究方向は，この後者に相当する。筆者は，「直接のレファランス・概念化」だけを念頭に置いて体験の変化を考えていたのでは，多様な事例にアプローチすることはなかなか困難であると考え，ジェンドリンの理論・技法の再検討とその拡張を行った。その意味で，本研究は，ジェンドリンの体験過程療法の理論・技法の拡張と新たな展開を試みたものであると言える。以下にその要点を整理する。

1．体験の常同的反復傾向へのアプローチの方法の考案

筆者は，「直接のレファランス・概念化」が有効でない事例においては体験の常同的反復傾向が強いこと，したがって，そのような事例では体験的応答によって「直接のレファランス・概念化」をねらうことよりも前の段階で，体験の常同的反復に変化を生み出すようなアプローチが必要となることを示した。ここで筆者が「体験の常同的反復傾向」と呼ぶものについて，ジェンドリン（Gendlin, 1964）は「構造拘束的（structure-bound）な体験様式」という表現でそれに近いところを概念的に論じてはいるが，それに対する臨床的取り扱いやアプローチの方法などについては十分な議論は行っていない。

これに対して筆者は，体験の常同的反復傾向へのアプローチを行ううえでは，体験に含まれる3つの側面（認知面・情緒面・身体感覚面）のいずれかにアプローチすることが有効であることを示した。このような臨床技法によって，ジェンドリンの応答技法ではなかなか変化の起こりにくい，常同的反復傾向の強い事例においても，体験に変化を生み出すことが可能である。

2．体験の変化に関する理論的拡張

ジェンドリンは体験の変化を，「直接のレファランス・概念化」のプロセスとしてとらえているが，筆者はこのプロセスが生じにくい事例の検討を通じて，上記の「体験の常同的反復傾向へのアプローチの方法」を考案するとともに，体験の変化に関する理論的拡張を行い，「主体感覚の賦活化」について論じた。この「主体感覚の賦活化」の理論では，「直接のレファランス・概念化」は，その一部をなす下位プロセスと位置づけられる。

第11章 他の理論との比較検討　　　　　　161

　すなわち，筆者がタイプⅠと呼んだ事例においては，「直接のレファランス・概念化」が起こることによって主体感覚が賦活化することが確認されるのであり，「直接のレファランス・概念化」は主体感覚が賦活されるためのプロセスと位置づけられる。
　一方筆者がタイプⅡと呼んだ事例においては，クライエントの体験の常同的反復傾向が強いために，心理療法の出発点においては，タイプⅠに見られたような変化は起こりにくい。タイプⅡの事例では，まずクライエントの体験の常同的反復傾向に焦点をあてたアプローチを行い，その傾向をゆるめる作業が必要である。そしてそのうえで，「直接のレファランス・概念化」のプロセスを生み出す応答（体験的応答）が有効となる。つまり，タイプⅡの事例においては，まず第一に「体験の常同的反復傾向」がゆるみ，次いで第二に「直接のレファランス・概念化」が生じることによって，クライエントの体験の主体感覚が賦活化すると言うことができる。

3．セラピスト自身の「直接のレファランス・概念化」の能力の重視

　主体感覚に着目して心理療法を進めていくには，セラピストが自分自身の体験の感覚に注意を向け，それを感じ取る能力が非常に重要となる。すなわち，心理療法を進めていくうえで，セラピストには「直接のレファランス・概念化」の能力が不可欠であると筆者は考える。このことは本研究で示した心理療法論の全体に言える事であり，本研究を通じて筆者がぜひ強調したいことのひとつである。
　クライエントの主体感覚が賦活化していく場合も，なかなか賦活化していきにくい場合も，セラピストは自分自身の体験の感覚を通じて，それを感じ取っている。つまり，心理療法の場で生じる自分自身の体験の感覚に注意を向け，それを感じ取ること（つまり「直接のレファランス・概念化」）により，セラピストはクライエントの体験の主体感覚の様相をつかむことができるのである。
　また，事例Fや事例Gについて論じるなかで述べたように，セラピストの「直接のレファランス・概念化」の能力は，特に，セラピスト自身の体験の主

体感覚が希薄化し損なわれそうになるという心理療法の危機の局面で不可欠なものとなる。自分自身の体験に「直接のレファランス」を行うことによって，セラピストは自分自身の体験の主体感覚が希薄化し損なわれがちになっていることに気づき，それを賦活化していくことが可能になる。セラピストの「直接のレファランス・概念化」の能力は，この危機を乗り越えるために必要なものと言うことができる。

　筆者は，ジェンドリンがクライエントに起こるプロセスとして強調した「直接のレファランス・概念化」を，セラピスト自身が身につけておくべき心理臨床の基礎能力と言えるものとして重視する。そしてこのプロセスを教える方法としてジェンドリンが開発したフォーカシング技法は，セラピストにとって必要な能力を身につけるための心理臨床の基礎訓練の手段として，非常に重要なものであると考える。

　また村山正治（1994）は，フォーカシング技法をスーパービジョンに用いた事例を報告している。これは，セラピストがフォーカサーとしてフォーカシングを行うことにより，あるプレイセラピーの場面を自分（セラピスト）がどのように感じているか整理し，味わい，受けとめていく方法である。このような用い方によって，フォーカシング技法を，セラピストの臨床実践を直接支える方法として発展させる方向も今後検討していけると考えられる。このことについては，次の第12章で論じることにする。

第2節　成瀬の主動感との比較

1．成瀬の主動感・自動感・被動感

　成瀬悟策（1988；1995 a；1995 b）は，催眠暗示や脳性マヒ者の動作法の経験から，自分自身が動かしているにもかかわらず，自分の身体動作について「主動感」（自分の意志で動いている感じ）が持てなくなり，容易に「自動感」（自分の意志とは関係なく動く感じ）や「被動感」（動かされている感じ）が生じることに注目している。催眠暗示の場合や脳性マヒ者の場合，自

第11章　他の理論との比較検討　　　163

分の努力で動作を行っているにもかかわらず，それが被動感や自動感として体験されやすく，主動感の体験が明確でない。したがって，脳性マヒ者のための指導では，適切な努力の仕方とともに，それと一致する主動感の確実な体験の仕方を身につけさせることが不可欠と述べている。

　また，彼は自動感，被動感は一般の人たちにとっても日常的な体験であると言う。スポーツ選手が「あがり」のために競技がめちゃくちゃになるとか，神経質な人が，からだが思うようにならないとか，緊張がひどい，脱力しやすいなどと感じることがその例としてあげられている。このように，不安定な気分のときに被動感・自動感は起こりやすくなる。このような観点から，彼は，主動感を取り戻し，あるいはそれを明確にし，一層確かなものにすることの重要性を強調している。

2．主動感と主体感覚の概念との相違

　主動感についての成瀬のこのような記述は，筆者がこれまでに行ってきた「主体感覚」についての論議と共通する面が多い。成瀬は自己身体の動作に注目しているので，これを「主動感」と呼んでいるが，それを心理的体験全体に拡大して考えれば，「主体感覚」というものと区別がつきにくくなるようにも考えられる。しかし筆者は，以下の点において，主体感覚の概念は「主動感」とは異なると考えている。

　成瀬が「自動感」と呼んでいるような現象は心理的体験としても頻繁に生じていると考えられる。そのなかには，筆者が「主体感覚の損なわれた体験」と呼んだような，「いつもこんなふうに考えて（感じて）しまう」とか，「そのことが頭から離れない」，「家を出ようとすると，すごくこわくなる」というような，自分ではコントロールできず，対処不能で，それに圧倒されてしまうような体験も含まれている。しかし一方で，同じ「自動感」であっても，「ふと，いいアイデアが浮かんだ」とか，「こんなイメージが浮かんできて，それによって自分の感じていることが確認できた」というような体験もありうる。対話による心理療法においては自然に浮かぶ連想が重視されるし，また特にイメージ面接などでは，面接場面で自然に浮かぶイメージを操

作することによって，体験の深化と自己理解が促進されることになる。
　この後者のような「自動感」の場合，それを主体感覚の損なわれた体験と呼ぶべきではないであろう。同じように「自然に考えが浮かぶ」とは言っても，それが「忘れようとしても思い浮かんでしまって頭から離れず，それに対処できない」という状態は主体感覚の損なわれた体験であるが，「自然に浮かんだ考えをじっくりと味わう」という状態は，主体感覚の保持された体験である。すなわち，そこでは，浮かんだ考えに振り回されるのではなく，それに自律的に向き合うことができており，それに対処できる感覚を持てており，またその体験から分離した主体の感覚を保てている。このように，主体感覚を伴って自動感を体験するという状態が存在するし，それができるならば，そのことはその人を豊かにする体験になると考えられるのである。
　同じことが「被動感」についても言えると考えられる。「被動感」に類するような心理的体験は，日常の心理からすれば，「誰かにあやつられている」とか「考えを吹き込まれる」，「考えを抜き取られる」というような病理的な体験が想像されるであろう。しかしシャーマニズムの領域においては，このような現象は多く起こっている。大橋英寿（1981）は沖縄のシャーマン（一般には「ユタ」と呼ばれている）の成巫過程の研究において，「カミダーリィ」と呼ばれる心身の不調・異常行動が一過性に生じることを報告している。その中には「カミや先祖に一時的に人格変換して意味不明のことばをしゃべりつづけたり，歌を唱ったりする」ことなどが見られる。彼のあげている具体例のなかには，「なんとなく，うしろで女の人のようなのが，"かわいそうネ，かわいそうネ"といって，私を抱いて泣かす」というような例が記載されている。これは，外からの作用によって自分が「泣かされる」体験であり，明らかに「被動感」と呼べる体験であろう。
　このような現象に対して，周囲の人や地域のシャーマンから「カミダーリィ」との意味づけがなされ，本人もそれと観念すると，「カミグトゥ」（神事）によって回復するしかないと決意することになる。そしてさまざまな宗教的な修業が行われるが，そのような修業が達成されると，カミダーリィという心身の不調からの回復が見られるようになる。このようにして心

身の不調から回復した状態を,大橋(1981)は「主体的自我の憑依副人格制御段階」と呼び,「主体的自我は,以前とはちがった形態においてではあるが再び人格全体を統御し,特殊なかたちをとって憑依副人格を支配下に治めることができる。その恒常状態こそがユタに固有の心的構造にほかならない」と説明している。つまり,この段階でも「被動感」と呼べるような体験は存在するが,それをコントロールして支配することが可能になるのである。

筆者(吉良,1997b)が聞き取り調査を行った沖縄のシャーマン(中年女性)の事例においても,彼女は,シャーマンとしての宗教的面接の仕事と日常生活を両立させるためにその両者をはっきり区別する必要があること,その区別を内面的にも行っていることを述べた。そのシャーマンは「ふだんからずっと(霊的なものが)見えてると,こっちも大変。気がふれてるような状態だから。二十四時間,誰を見てもそういうふうに感じたら,大変でしょ。『普段は普段の生活をさせて下さい。そういう時(宗教的面接の時)はそういうふうに教えて下さい』ってお祈りすれば,自然に,そういうかんじ」と語った。この事例の場合も,筆者が「体験に伴う自律性の感覚」と述べて論じたような,被動的体験に自律的に向き合う感覚,それに対処できる感覚,それから分離した主体の感覚が保持されていると言うことができる。

大橋が述べていることをまとめると,被動感として感じられる体験に本人が圧倒され振り回されている状態から,それを本人が制御し,うまくコントロールできる状態に至ることにより,人格の再安定化がはかられ,シャーマンとしての心的構造が確立される,と言えるであろう。つまり,被動感は存在しても,それを主体感覚を保持した状態で体験することが可能なのである。

以上に述べてきたように,筆者の考える「主体感覚」は,「主動感」と同一の概念と考えるべきではない。主体感覚を伴って自動感,被動感を体験する状態が存在するのである。成瀬も,自動感,被動感を必ずしもマイナスの心理的現象とだけ考えているわけではない。成瀬(1995a)は「自動感,被動感などの体験は,それを無視するばかりでなく,心の健康や豊かな日常生活のためにうまく活用する工夫ができてくると,心をより健康にし,日常生活をいっそう豊かにするのに大きな貢献をするはずである」とも述べている。

主体感覚を伴って体験される自動感，被動感は，個人の体験を豊かにするものであると考えられる。

第3節　精神分析における逆転移概念との比較

本研究は「体験原理」に軸足を置いて心理療法論を展開してきており，「洞察原理」に立つ精神分析の考え方を基盤に持つものではない。しかし本研究で論じた「セラピスト自身の体験の主体感覚の賦活化」の考え方は，セラピスト（分析者）自身の心理過程を扱っている点において，精神分析における逆転移の概念と共通点を持っている。そこでこの節では，この両概念の比較を行うことにする。それによって，主体感覚の考え方の特徴を描き出すことをねらう。

1．精神分析における逆転移概念

サンドラーら（Sandler et al., 1973）によれば，フロイトにとって逆転移（counter-transference）とは，分析者の患者に対する「抵抗」の一種であり，患者が分析者に話したり，行ったり，思い描いたりする内容によって無意識的葛藤が喚起されることによる抵抗とみなされた。例えば，分析者が自己の攻撃性にまつわる未解決の問題をかかえているとすれば，彼は患者が向ける攻撃的な感情や観念に気づくときには，きまって患者をなだめるかもしれない。またもし分析者が自己の無意識の同性愛感情を恐れているとすれば，患者の示す材料にふくまれている同性愛的内容に気づくことが困難になるかもしれないし，患者の同性愛的な観念や願望に過度に苛立ちを覚えたり，患者を別の問題に向けさせたりするかもしれない。このように，フロイトの考えた逆転移とは，患者から示される内容によって分析者に無意識の葛藤が喚起されることにより，分析の作業に心理的盲点が起こり，分析作業に限界が生じることを意味している。

このような逆転移は，患者から示されるさまざまな内容のうち，特定の内容が分析者にとって処理の難しいものであり，その内容に関しては分析者に

特別の情緒反応が起こるために，分析の作業を阻害することになるような現象と言うことができるであろう。つまり，特定の内容に関してだけは，分析者に特別の体験が生じるためにその作業が滞ると考えられているのである。「心理的な盲点」という表現は，それを端的に示していると考えられる。フロイトは，このような心理的盲点は分析者の未解決の無意識的葛藤から生じていると考え，それを克服するために分析者が自ら分析を受けること，すなわち教育分析を勧めている。つまり，特定の内容についてだけ特別な体験が起こるのは，分析者自身の個人的な要因にもとづくためと考えられているのである。

　フロイト以後，逆転移概念はさまざまな方向に発展していった（Sandler et al., 1973；Laplanche et al., 1967）。それには，逆転移が分析作業において患者を理解するための手助けとなる重要な現象と考えられるようになったことが大きく関連している。すなわち，フロイトが強調したように，分析者自身の無意識の葛藤にもとづく逆転移は分析作業を妨げるものであるが，分析者に生じる情緒反応の中にはこれとは異なって「患者の転移に対する分析者の特殊な反応」（Sandler et al., 1973）と考えられるものもあり，その場合には，分析者は自らの情緒反応に目を向けることによって，患者の中核的な葛藤や不安を理解することが可能になると考えられるようになったのである。

　このような逆転移は，フロイトの言う逆転移とは違って，分析者（セラピスト）の個人的な要因に起因するものではなく，患者（クライエント）の要因によって分析者に引き起こされるものである。ラッカー（Racker, 1968）は，それが「分析医を転移から受けた衝撃の中に封じ込めてしまい，その悪循環から逃れられないようにしてしまう危険性をはらんでいる」と，分析作業を行ううえでの障害となる危険をはらむことを指摘しながらも，一方で，「逆転移の本質的な部分は，主にこの逆転移を通じて分析医とのかかわり合いの中で患者が感じとり，行なっていることを理解したり，患者が分析医に対して自分の本能衝動や感情に直面した時にどのように感じ，行なっているかを理解したりできるということである。それゆえ，根本的な解釈すなわち転移の解釈は，逆転移から生まれてくるといってよいであろう」と述べてい

る。このような逆転移は，分析者が患者の転移を理解するための重要な手段にもなりうると考えられているのである。

2.「セラピストの体験の主体感覚の賦活化」の観点から見た逆転移

筆者がセラピスト自身の体験の主体感覚の様相に注目するようになったのは，クライエントの主体感覚の損なわれた体験様式がセラピストの体験様式に影響を及ぼし，セラピストの主体感覚を希薄化させることがあるという臨床的事実の観察からであった。つまり，それはクライエントの側の要因にもとづいてセラピストに生じた現象である。その意味で，筆者の論点は，フロイトの言う逆転移よりも，「患者の転移に対する反応としての逆転移」の方に近いと言えるであろう。

上記のラッカーの論述にも見られるように，精神分析では，治療者は自分自身に生じる感情（逆転移）内容を通じて患者に起こっている感情（転移）内容を理解することができ，それにもとづいて患者に転移解釈を行うことが可能になる，と考える。つまり精神分析では，患者・治療者双方に生じている感情体験の「内容」理解に重点が置かれていると言うことができる。

これに対して筆者は，本研究で体験の「内容」よりも「様式」に重点を置いてきた。本研究では，そこで生じている感情体験が「どのような内容のものであるか」ということよりも，「どのような様式のものであるか」に注目しようとするのである。この「体験様式」の観点から見ると，逆転移について以下の点に注目する必要があると考えられる。

セラピスト（分析者）がクライエント（患者）に逆転移を起こしていることに「気づく」とは，セラピストが自分自身の体験の主体感覚が希薄化し損なわれていることに気づいて，それを賦活化するプロセスであると考えられる。つまり心理療法の進展にとって大事なことは，クライエントに巻き込まれてセラピストの主体感覚が損なわれている状態から，巻き込まれていることに気づくことによって主体感覚の保持された状態を回復していくことである。

精神分析においては，このプロセスは「分析者の側にどのような逆転移感

情が起こっているか」という自問によってチェックされ，促進されると言うことができるのではないだろうか。精神分析の実践家は，分析の進展にとって，分析者の主体感覚が保持されていることの重要性を認識しており，それを逆転移概念を用いて実践してきたと言うことができるのである。

このことを主体感覚の観点から見ると，分析者がどのような「内容」の逆転移を起こしているかという意味づけよりも，逆転移に陥っていることに「気づく」ことによって，分析者の体験の「様式」が変化すること自体が重要である。分析者がクライエントに対して逆転移感情を感じていたとしても，それに分析者が気づいていて，それに振り回されないでいることが重要なのである。

前に引用したように，ラッカーは，逆転移は「分析医を転移から受けた衝撃の中に封じ込めてしまい，その悪循環から逃れられないようにしてしまう危険性をはらんでいる」と，それが分析作業を行ううえでの障害となる危険性を持つことを指摘している。これはまさに患者の転移感情によって分析者の主体感覚が損なわれ，それに振り回されてしまう危険性を述べたものと言うことができる。逆転移が分析作業を進展させる手掛かりとなるのか，それとも分析作業を停滞させる要因となるのかは，分析者が逆転移感情に気づくことによって自らの主体感覚を賦活していけるか，それとも主体感覚が損なわれたまま，それに振り回されてそこから逃れられなくなってしまうかによると考えられる。

第4節　子どもの知識獲得過程の理論との比較

1．足場づくり

認知発達の研究領域で，ヴィゴツキーをはじめとして，子どもが知識を獲得していく過程における社会的相互文脈を重視する立場がある。子どもは最初，おとなの言語を媒介とした社会的相互交渉を通して知識獲得活動を行う（精神間機能）が，おとなの関係で機能していた認知活動が，次第に子ど

もの内部に内面化していき，子どもの内部において機能する（精神内機能）ようになる。そのさいおとなが，子どもが現在できる能力のレベルに応じて，異なる構造の課題解決に必要な情報や援助を与えることにより，子どもの学習を支援するような方略のことを「足場づくり」(scaffolding) と呼ぶ（臼井，1992）。そして相互交渉のなかで，子どもがどれだけ意思決定場面に参加させられているか，意思決定や解決の仕方に責任や主導権をもたされているかにより，相互交渉後の単独での自己誘導的学習のあり方が大きく異なる。相互交渉で意思決定の主導権や責任を他者から自己へ移行させていくような教授誘導スタイルのもとで，考えさせられたり行動させられた子どもほど，新たな認識が芽生えるという結果が得られている（丸野，1992）。

2．足場づくりと本研究の比較

この「足場づくり」の概念は子どもがおとなとの相互交渉を通じて知識を獲得する過程を理論化したものであるので，心理療法におけるクライエントとセラピストとの相互交渉を扱った本研究とは，前もって設定された学習課題についての学習到達度が検討されていること，また筆者が論じたような情緒面，身体感覚面についてはあまり扱われず認知面だけが扱われていることなどにおいて，基本的に異なっている。しかし異なる研究領域の理論であるにもかかわらず，以下のような共通点が見られる。

①援助者と被援助者の間の相互交渉の結果，被援助者の心理機能に変化が生じる過程が理論化されている。
②援助者は，被援助者の現在の心理活動のレベルに応じて，援助のあり方（アプローチの方法）を変える必要があると考えられている。
③被援助者は自らの変化のために援助者からの援助を必要としているが，被援助者自身に責任や主導権が与えられる方が，心理機能の変化は生じやすいことが検証されている。
④最終的には，被援助者は援助者を必要としなくなり，自ら自律的に判断，行動できるようになることが期待されている。

このような共通点から見ると，人格の変化を目指す心理療法においても，

認知面の変化を目指す知識獲得過程においても，援助者・被援助者間の相互交渉には共通の方略とプロセスが存在することが考えられる。

しかし，共通の視点である援助者・被援助者間の相互交渉過程という視点から見たときに，「足場づくり」の理論にはないが，本研究では重要な位置を占める局面が存在する。それは「セラピストの主体感覚が損なわれる現象」として論議した局面である。これは，援助者が被援助者の陥っている状態と同じような状態に陥ってしまい，援助者として機能できなくなる局面である。

このような局面は，本章第3節に述べたように，精神分析学においても「逆転移」の概念で論じられてきている。心理療法という人格全体の変化に深く関与する相互交渉においては，知識の獲得という認知面中心の相互交渉に比較して，援助者自身が機能不全に陥るような局面が生起しやすいと考えられる。したがって，そのような局面にどのように対処するかが，援助者（セラピスト）にとって重要な課題になると考えられる。

第12章

今後の課題

本研究の今後の課題として，以下の3点が考えられる。

1．主体感覚の損なわれた体験の持続メカニズムの解明

本研究では，「主体感覚の損なわれた体験」，「主体感覚の保持された体験」を概念的に明らかにするとともに，いかにしてクライエントの体験の主体感覚を賦活するかというアプローチの方法についての検討を行った。しかし序論第4節の「研究課題の限定」の項でも触れたように，なぜそのクライエントに主体感覚の損なわれた体験が持続するのか，そこにはどのような内的外的要因が関係しているのか，という点については検討を行っていない。

正常圏のごく普通に暮らしている人々の日常生活においても，主体感覚の損なわれた体験は一時的には生じると考えられる。しかしそれは一過性のものであり，そこからの自然な回復過程が生じる。これに対して，本研究で扱ってきた神経症圏の人たちは，主体感覚の損なわれた体験がある程度の期間継続して続き，自らの力ではそこから脱却できなくなっていると考えられる。

以上のことから考えると，今後必要な検討課題は，主体感覚の損なわれた体験が持続するメカニズムの解明ということになるであろう。逆の見方をすると，正常圏の一般の人たちは，主体感覚の損なわれた体験に一時的に陥ったとき，そこからどのようにして主体感覚を回復させているのかということも興味深いテーマである。主体感覚の損なわれた体験が持続するメカニズムとは，何らかの理由で，主体感覚の自然な回復過程が生じなくなった状態であると考えられるからである。この点については，今後も事例研究を続ける

2. 主体感覚に関する数量化可能な尺度の作成

　本研究では，主体感覚の概念を明らかにするとともに，「主体感覚の損なわれた体験」，「主体感覚の保持された体験」について明確にした。今後の研究としては，これまで行ってきた事例研究を今後も進める方向に加えて，本研究で提示した主体感覚の概念を数量的に検討する方向が考えられる。

　その方向での研究を進めるためには，主体感覚に関する尺度の作成が必要になる。本研究で概念的に明確にしたのは，主体感覚が保持されているか，損なわれているか，ということであり，それをいくつかの段階に分けて記述するところまでは，まだ至っていない。尺度の作成に向けて，主体感覚の賦活化の段階をいくつかに分けて記述することが可能であるかどうか，検討を行っていく必要があると考えられる。

3. セラピストフォーカシング法の実践的研究

　本研究で示してきたように，クライエントの体験の様式が主体感覚の損なわれた状態にあって，同じような内容の体験が常同的に反復される傾向が強く，セラピストの体験的応答を中心としたアプローチが意図した効果を生み出せない場合，セラピストの側の体験の主体感覚も希薄化して損なわれる危機が生じやすい。自らの体験に振り回されたり圧倒されたりして，体験の自律性を保てない状態である。

　そのような局面においては，セラピストは自分自身の体験に静穏に注意を向け，体験の感覚を感じ取ってそれを言葉にしていくこと（すなわち，「直接のレファランス・概念化」のプロセス）により，自らの体験の主体感覚を賦活することがきわめて重要になる。面接の場での自らの体験の自律性を取り戻し，新鮮な発想や新たな着眼点を発見していけるような心の状態を回復する作業である。

　そのための方法として，筆者はジェンドリン（Gendlin, 1981）の開発したフォーカシング技法が有益ではないかと考えている。すでに村山正治

(1984；1994) によって実践報告が行われているように，セラピストが担当事例の面接過程で感じている自分自身の体験の感覚を，フォーカシング技法を用いて確かめ，吟味していくような方法である。村山 (1984) は，この方法がセラピー場面でセラピストが感じている意味の明確化に有効であり，セラピスト自身の気持ちを明確にすることでその後の技術指導が有効になったと述べている。また井上澄子 (2001) は，スーパービジョンにフォーカシングを用いることでセラピスト自身がケースをどう進めていったらよいか見いだすことができると述べ，個人スーパービジョンやグループスーパービジョンでの例を紹介している。さらに伊藤研一 (1999) は，試行カウンセリングにおいてカウンセラー役割をとるなかで自分の問題に直面した大学院生がフォーカシングを行うことにより，大きな心理的変化が生じたことを報告している。

このように，セラピストがフォーカサーになって，セラピストとしての体験についてフォーカシングを行う方法は，筆者が考えるよりもかなり以前から報告されている。フォーカシングを身につけたセラピストたちにとって，この方法はフォーカシングの自然な利用の仕方になっていると言えるのかもしれない。

筆者は，この方法はセラピストにとって，スーパービジョンと一部は重なるとしても，かなり異なる独自の機能を果たすものであると考えている。スーパービジョンとは，心理臨床において教育的機能を果たすものであり，スーパーバイジーから提出される面接過程の報告を素材にして，事例の見立てやアセスメント，心理療法過程でのクライエントとセラピスト（スーパーバイジー）双方の心理やその相互的な影響，セラピストの応答や介入などの臨床技法について，検討や指導助言が行われる場と言えるであろう（小此木，2001；馬場，2001；西園，1994）。これに対して，ここで述べている方法は，その事例を担当するなかでセラピストが感じている体験の感覚を吟味し，自分自身の体験を理解していくためのものであると考えられる。そのような心理作業によって，セラピスト自身の体験の主体感覚が賦活化することが期待される。もちろん，それがセラピストのクライエント理解の深化につながる

場合も十分にありうると考えられる。

　筆者は，セラピストへの心理的援助の方法としてスーパービジョンとは異なる独自の役割をもつ方法という意味で，それに独自の名称を与える必要があると考え，この方法を「セラピストフォーカシング法」と呼んでいる。そしてこの方法について，実践を通じて検討しはじめており，すでにその一部を報告している（吉良，2002）。この方法について，今後さらに検討を進めていくことを，今後の課題のひとつとしたい。

　課題となる主な内容は，セラピストにとって有効かつ適切なセラピストフォーカシング法の実施形態を確立していくこと，この方法のセラピストにとっての意義を主体感覚の観点から明らかにすること，この方法が心理療法の展開にどのように貢献するか（すなわち，この方法の心理療法に及ぼす影響と意義）を検討すること，そしてその意義をスーパービジョンと比較することによって明らかにすること，などになると考えられる。

文　献

馬場禮子　2001　スーパーヴァイザーとスーパーヴァイジーの相互関係．鑪幹八郎・滝口俊子（編著）『スーパーヴィジョンを考える』．誠信書房，第3章，42-51．

近田輝行　1997　「間」をとること——その役割と工夫．池見　陽（編著）『フォーカシングへの誘い』．サイエンス社，56-67．

Cornell, A. W.　1993　*The Focusing Guide's Manual*, Third Edition.（村瀬孝雄監訳/大澤美枝子・日笠摩子訳『フォーカシングガイド・マニュアル』金剛出版．1996．）

藤岡喜愛　1979　観法におけるイメージ．成瀬悟策（編）『心理療法におけるイメージ』．誠信書房，198-223．

藤原勝紀　1992　臨床心理学の方法論．氏原　寛・小川捷之・東山紘久・村瀬孝雄・山中康裕（共編）『心理臨床大事典』．培風館，13-17．

福盛英明　1999　クリアリング・ア・スペース論争．村山正治（編集）『フォーカシング』（現代のエスプリ 382）．至文堂，183-191．

Gendlin, E.　1961　Experiencing : A Variable in the Process of Therapeutic Change. *American Journal of Psychotherapy*, 15, 233-245.（体験過程——治療による変化における一変数．村瀬孝雄訳『体験過程と心理療法』．ナツメ社，1966．第2章，19-38．）

Gendlin, E.　1964　A Theory of Personality Change. In Worchel, P. & Byrne, D. (Eds.) *Personality Change*. John Wiley, pp. 100-148.（人格変化の一理論．村瀬孝雄訳『体験過程と心理療法』．ナツメ社，1966．第3章，39-157．）

Gendlin, E.　1968　The Experiential Response. In Hammer, E. (Ed.) *Use of Interpretation in Treatment*. Grune & Stratton, Chap. 26, 208-227.

Gendlin, E.　1981　*FOCUSING*, second edition. Bantam Books, Inc.（村山正治・都留春夫・村瀬孝雄訳『フォーカシング』．福村出版，1982．）

Gendlin, E.　1984　The Client's Client : The Edge of Awareness. In Levant, R. & Shline, J. (Eds.) *Client-centered Therapy and The Person-centered Approach : New Directions in Theory, Research, and Practice*. Praeger Publishers, Chap. 5, 76-107.

Grindler, D.　1982　"CLEARING A SPACE" with a Borderline Client. *The Focusing Folio*, 2(1), 5-10.

Halpern, S.　1967　Hypnointrospection : analytic and behavioral hypnotherapy. In Kline, M. (Ed.) *Psychodynamics and Hypnosis*. C. C. Thomas. Chap. VI, 71-145.

東山紘久　1992　心理療法の意味・目的・課題．氏原　寛・小川捷之・東山紘久・村瀬孝雄・山中康裕（共編）『心理臨床大事典』．培風館，170-174．

Hinterkopf, E.　1998　Finding a Certain Distance : A Helpful and Even Life-

Saving Technique. *The Focusing Connection*, 15(6). (ほどよい距離を見つけること：役に立つ, 時には命も救う技法. 落石美穂訳, 日本フォーカシング協会ニュースレター『The Focuser's Focus』. 2(2), 11-13.)
畠瀬 稔 1990 クライエント中心療法. 小此木啓吾・成瀬悟策・福島 章（編）『臨床心理学体系 第7巻』. 金子書房, 第6章, 163-186.
池見 陽 1984 体験過程療法の理論. 村山正治・増井武士・池見 陽・大田民雄・吉良安之・茂田みちえ（著）『フォーカシングの理論と実際』. 福村出版, 第1章, 10-19.
池見 陽・吉良安之・村山正治・田村隆一・弓場七重 1986 体験過程とその評定：EXPスケール評定マニュアル作成の試み. 人間性心理学研究, 4, 50-64.
井上澄子 2001 心理療法の質を高めるフォーカシング. 伊藤研一・阿世賀浩一郎（編集）『治療者にとってのフォーカシング』（現代のエスプリ 410）. 至文堂, 184-193.
伊藤研一 1999 カウンセリングに求められる要素の考察――フォーカシングで劇的な変化が生じた一大学院生の事例から. 人間性心理学研究, 15(1), 13-23.
Kanter, M. 1982 CLEARING A SPACE WITH FOUR CANCER PATIENTS. *The Focusing Folio*, 2(4), 23-37.
河合隼雄 1975 面接法の意義. 『心理学研究法11』. 東京大学出版会.（再録：河合隼雄（著）『心理療法論考』. 新曜社, 1986. 27章, 297-316.）
河合隼雄 1976 事例研究の意義と問題点. 臨床心理事例研究3, 京都大学心理教育相談室.（再録：河合隼雄（著）『心理療法論考』. 新曜社, 1986. 26章, 288-296.）
河合隼雄・佐治守夫・成瀬悟策 1977 編者鼎談：臨床心理学におけるケース研究. 臨床心理ケース研究編集委員会（編）『臨床心理ケース研究1』. 誠信書房.
吉良安之 1983 フォーカシングの臨床的適用に関する研究――エッセンス・モデルの作成と事例の検討. 九州大学心理臨床研究, 2, 57-66.
吉良安之 1984a 体験過程の推進を促進する働きかけ――フォーカシング技法からみたエンパシーに関する考察. 心理臨床学研究, 2(1), 14-24.
吉良安之 1984b 生きられた身体のあり方に関する実証的研究――身体への注意集中時における身体意識の検討から. 人間性心理学研究, 2, 43-56.
吉良安之 1986 フォーカシングの方法. 前田重治（編）『カウンセリング入門』. 有斐閣, 第11章, 220-232.
吉良安之 1992 心理療法における Clearing a Space の意義. カウンセリング学科論集（九州大学教養部カウンセリング学科）, 6, 47-65.
吉良安之 1994a 自責的なクライエントに笑いを生み出すことの意義――クリアリング・ア・スペースの観点から. 心理臨床学研究, 11(3), 201-211.
吉良安之 1994b 構造拘束的な体験様式へのアプローチ―― clearing a space の観点から. カウンセリング学科論集（九州大学教養部カウンセリング学科）, 8, 61-78.
吉良安之 1995 主体感覚の賦活を目指したカウンセリング. カウンセリング学論集（九州大学六本松地区カウンセリング学）, 9, 39-53.
吉良安之 1997a カウンセリングにおける人間関係を通じての主体感覚の賦活. 心理臨床学研究, 15(2), 121-131.

吉良安之　1997b　ある民間巫者によって語られた宗教的面接行為の諸特徴——沖縄における調査面接の記録．カウンセリング学論集（九州大学六本松地区カウンセリング学），11，12-25．

吉良安之　1997c　カウンセリングにおける「主体感覚」の観点——学生相談におけるフォーカシングの活用-Ⅰ．池見　陽（編著）『フォーカシングへの誘い』．サイエンス社．第3章1節．82-92．

吉良安之　1998a　身体感覚を通じて体験に変化を生み出すアプローチ．カウンセリング学論集（九州大学六本松地区カウンセリング学），12，1-12．

吉良安之　1998b　主体感覚に焦点をあてたカウンセリング論に関する一研究．健康科学，20，77-84．

吉良安之　1999a　フォーカシングの臨床　大学生の意欲喪失．村山正治（編集）『フォーカシング』（現代のエスプリ 382）．至文堂，97-104．

吉良安之　1999b　カウンセラーの体験とフェルト・センス——体験過程理論にもとづく考察．学生相談（九州大学学生生活・修学相談室紀要），創刊号，24-30．

吉良安之　2002　フォーカシングを用いたセラピスト自身の体験の吟味——「セラピストフォーカシング法」の検討．心理臨床学研究，20(2)，97-107．

吉良安之・田村隆一・岩重七重・大石英史・村山正治　1992　体験過程レベルの変化に影響を及ぼすセラピストの応答——ロジャースのグロリアとの面接の分析から．人間性心理学研究，10(1)，77-90．

Klein, M., Mathieu, P., Gendlin, E. & Kiesler, D.　1970　*The Experiencing Scale : A Research and Training Manual*, Vol.1. Wisconsin Psychiatric Institute.

Klein, M., Mathieu-Coughlan, P. & Kiesler, D.　1985　The Experiencing Scales. Pinsof, W. & Greenberg, L.(Eds.) *The Psychotherapeutic Process : A Research Handbook*. Guilford, 21-71.

Laplanche, J. et Pontalis, J.　1967　*Vocablaire de la Psychoanalyse*.　Presses Universitaires de France.　（村上仁監訳『精神分析用語辞典』．みすず書房，1977.）

前田重治　1976　『心理面接の技術』．慶應通信．

丸野俊一　1992　知識獲得の理論．東　洋・繁多　進・田島信元（編集企画）『発達心理学ハンドブック』．福村出版，175-195．

増井武士　1984　間を作ることに力点をおいた事例．村山正治・増井武士・池見　陽・大田民雄・吉良安之・茂田みちえ（著）『フォーカシングの理論と実際』．福村出版，第10章，150-157．

増井武士　1989　「置いておく」こと，と「語りかける」こと．北山修ほか（編）『言葉と精神療法』（現代のエスプリ 264）．至文堂，160-169．

増井武士　1994　『治療関係における「間」の活用』．星和書店．

松木　繁　1991　『悩み』の解決と『悩み方』の解決——『悩み方』の解決に焦点を合わせた二つの事例とその考察．心理臨床学研究，9(2)，4-16．

McGuire, M.　1982　"CLEARING A SPACE" with Two Suicidal Clients.　*The Focusing Folio*, 2(1), 1-4.

村山正治　1977　来談者中心療法の最近の動向．田畑治・村山正治（編）『来談者中心療

法』. 福村出版, 第8章, 182-191.

村山正治 1984 プレイセラピストの訓練にフォーカシングを適用した1事例. 日本心理学会第48回大会発表論文集, 788.

村山正治 1994 フォーカシング——教育的メンタルヘルスアプローチとして用いた四事例. 氏原 寛・東山紘久 (編)『カウンセリング事例集』(別冊発達17). ミネルヴァ書房, 180-189.

成瀬悟策 1988 『自己コントロール法』. 誠信書房.

成瀬悟策 1992 動作法. 氏原 寛・小川捷之・東山紘久・村瀬孝雄・山中康裕 (共編)『心理臨床大事典』. 培風館, 333-335.

成瀬悟策 1995 a 動作努力・動作体験. 連載「動作発見」5, 教育と医学, 43(6), 87-93. 慶應通信.

成瀬悟策 1995 b 『臨床動作学基礎』. 学苑社.

西平 直 1993 『エリクソンの人間学』. 東京大学出版会.

西園昌久 1994 スーパービジョン論. 精神療法, 20(1), 3-10.

小此木啓吾 2001 スーパーヴィジョン——精神分析の立場から. 鑪幹八郎・滝口俊子 (編著)『スーパーヴィジョンを考える』. 誠信書房, 第2章, 13-41.

小此木啓吾・河合隼雄・中村雄二郎 1986 シンポジウム:事例研究とは何か. 心理臨床学研究, 3(2), 5-37.

大橋英寿 1981 沖縄における shaman〈ユタ〉の成巫過程——社会心理学的接近. 東北大学文学部研究年報, 30, 231-280.

大熊輝雄 1980 『現代臨床精神医学 (改訂第3版)』. 金原出版.

大澤美枝子・清水幹夫・林 幸子・末武康弘・久能 徹・古屋健治・伊東 博 1999 日本のCCT/PCAの開拓者から現在そして未来へ——伊東博先生を囲んで. 人間性心理学研究, 16(2), 220-231.

Racker, H. 1968 *Transference and Countertransference*. The Hogarth Press Ltd. (坂口信貴訳『転移と逆転移』. 岩崎学術出版社, 1982.)

Rogers, C. 1947 Some Observations on the Organization of Personality. *American Psychologist*, 2, 358-368. (パースナリティの体制についての観察. 伊東 博訳『ロージァズ全集第8巻』. 岩崎学術出版社, 1967. 第1章, 3-33.)

Rogers, C. 1951 *Client-Centered Therapy — Its Practice, Implication and Therapy*. Houghton Mifflin Company. (クライエント中心療法——その実践と含意とセラピィ. 友田不二男訳『ロージァズ全集第3巻』. 岩崎学術出版社, 1966.)

Rogers, C. 1959 A Theory of Therapy, Personality and Interpersonal relationships as developed in the Client-centered Framework. In Koch, S. (Ed.) *Psychology : A Study of a Science, Vol. III. Formulations of the Person and the Social Context*. McGrow-Hill, 184-256. (クライエント中心療法の立場から発展したセラピィ, パースナリティおよび対人関係の理論. 畠瀬稔他訳『ロージァズ全集第8巻』. 岩崎学術出版社, 1967. 第5章, 165-278.)

佐伯 胖 1978 『イメージ化による知識と学習』. 東洋館出版.

Sandler, J., Dare, C. & Holder, A. 1973 *The Patient and the Analyst : the Basis of the Psychoanalytic Process.* George Allen & Unwin Ltd. (前田重治監訳『患者と分析者』. 誠信書房, 1980.)

霜山徳爾 1966 不安 (二). 井村・懸田・島崎・村上 (編)『異常心理学講座1』. みすず書房, 297-322.

末武康弘 1992 ロジャーズ−ジェンドリンの現象学的心理学. 氏原寛・小川捷之・東山紘久・村瀬孝雄・山中康裕 (共編)『心理臨床大事典』. 培風館, 140-144.

杉田峰康 1989 交流分析 (TA法). 伊藤隆二 (編)『心理治療法ハンドブック』. 福村出版, 604-632.

田嶌誠一 1990 「イメージ内容」と「イメージの体験様式」——「悩む内容」と「悩み方」. 臨床描画研究, V, 金剛出版, 70-87.

竹内敏晴 1981 ことばとからだ. サイコロジー, 12, 9-13.

徳田完二 1999 自己支持の援助としての心理療法. 心理臨床学研究, 17(2), 174-185.

鶴 光代 1991 動作療法における「自体感」と体験様式について. 心理臨床学研究, 9(1), 5-17.

臼井 博 1992 認知的社会化理論. 東 洋・繁多 進・田島信元 (編集企画)『発達心理学ハンドブック』. 福村出版, 196-213.

Watts, A. 1961 *Psychotherapy East and West.* Pantheon Books, A Division of Randam House. (滝野 功訳『心理療法 東と西』. 誠信書房, 1985.)

Winnicott, D. 1971 *Playing and Reality.* Tavistock Publications Ltd. (橋本雅雄訳『遊ぶことと現実』. 岩崎学術出版社, 1979.)

弓場七重 1985 Play Therapy に clearing space を導入することについて——絵で表現させる試み. 九州大学心理臨床研究, 4, 63-71.

あとがき

　この本は，私の博士論文をもとに，一部加筆や修正を加えて作成したものである。私はこれまで，体験過程の考え方を軸にして心理療法の仕事を行ってきたが，その考え方に深く共鳴する一方で，臨床経験を通じて，しだいに私のなかに問題意識も芽ばえるようになった。それを吟味検討するなかで，この本のテーマである「主体感覚」の考えが生まれたのである。その意味で，私の学んできた体験過程の考え方と，私が向き合ってきた心理療法の経験とが，私のなかで協力しあったりぶつかったりする繰り返しのなかで，この本のテーマが生まれてきたと言うことができるように思う。

　私に心理臨床の経験を通じて考える機会を与えつづけてくれた多くのクライエントの方々に，この場をお借りして，深くお礼を申し上げたいと思う。その中でも特に，面接過程を本書に掲載することを許可していただいたクライエントの方々には，心より感謝の気持ちをお伝えしたい。なお，この本で取り上げた事例は，秘密保持のため，論述に必要なこと以外はできるだけ省略したり，事実関係を改変したりしていることを申し添えておく。

　さて，本文中には十分に触れることができなかったが，体験過程の考えを学ぶには，フォーカシングの経験を持つことが不可欠と考えられる。もしもこの本の基本的立脚点になっている「体験」や「体験過程」について関心を持って下さる読者の方がおられたら，ぜひフォーカシングの経験を持つことをお勧めしたい。特に心理療法やカウンセリングを志す人の場合，自分が「感じる」ということを心理的援助の道具として使えるところまで精錬していく必要がある。フォーカシングの経験は，そのために役立つのではないかと私は考えている。

　この本の中で私が論じたいと考えたことのひとつは，セラピストはその時々での自分自身の体験の仕方に気づき，それを整えて主体感覚の保持された体験を取り戻すことによって，クライエントの方々への有効な援助の方策を発見することが可能になるということである。心理療法の諸領域でさまざまな技法が開発されてきているが，実際のところセラピストに必要なのは，あるクライエントとのあ

る局面において，どのような関わりや働きかけが必要かを判断する力であるだろう．それが欠けていたら，どのような技法も功を奏さないことになる．

そのような判断力を身につけていくには，今の瞬間に面接の場に流れている雰囲気，気配とでもいうようなものを感じ取ることができなければならない．また，それを適切に感じ取れるようなこころの状態を保っておれなければならない．その意味で，私たちセラピストは常に，自分自身の体験の仕方を磨き，整えておく必要があるだろう．セラピストが自分の「感じ」を磨く手段として，フォーカシングは心理療法を学ぶ人たちにとって有用なのではないかと私は考えている．

私がこの本をまとめるまでには，多くの方々にお世話になった．心理療法のはじめの手ほどきをしていただき，その後も現在まで長くにわたってご指導をいただいている前田重治先生には，今回もこの本の出版のきっかけを与えていただいた．また，本研究の理論上実践上の出発点となった体験過程療法およびフォーカシングについて長くご指導をいただいている村山正治先生には，いつも学ぶ機会を与えていただいている．九州大学に提出した学位請求論文の主査をしていただいた野島一彦先生をはじめ，北山修，針塚進の諸先生方には審査の労をとっていただいた．九州大学でともにフォーカシングを学んできた研究仲間の諸氏や全国のフォーカシング研究者の方々との交流からは，いつも多くの示唆を与えていただいている．さらに，九州大学や福岡大学の大学院生との対話からも，多くの刺激を受けることができた．心よりお礼を申し上げたい．最後に，妻の文江，息子の和真と悠吾，そして両親にも，一言感謝の言葉を加えさせていただきたい．

出版に際して，九州大学出版会の藤木雅幸編集長，および永山俊二氏にはいろいろと私の要望を申し上げたにもかかわらず，大変お世話いただいたことに心から感謝を申し上げます．

なお，本書の出版に際し，日本学術振興会平成14年度科学研究費補助金（研究成果公開促進費）の交付を受けたことを記して謝意を表したい．

2002年9月

著　者

索　引

あ行

足場づくり scaffolding　　169-170
遊び　　87, 88, 89, 91, 95, 96, 111, 120
圧倒され振り回されるような体験　　36, 116, 117
暗々裡 implicit　　3, 24-26, 29, 48, 50, 60, 94
池見　陽　　25
一般化　　17, 18
一般性　　17
伊藤研一　　175
伊東　博　　156, 157
井上澄子　　175
意味づけ　　48, 75, 80, 83, 169
イメージ面接　　163
ウィニコット（Winnicott, D.）　　96
援助者自身が機能不全に陥る　　171
大橋英寿　　164

か行

概念化 conceptualization　　3, 4, 8, 24-26, 30, 53, 60, 67, 94, 96, 146, 159, 160
過食　　55, 85, 86, 87, 91, 93, 95
堅い窮屈な体験　　88, 91
カミダーリィ　　164
からだのかんじ　　4, 24, 39, 40, 50, 67, 72, 76, 100, 101
河合隼雄　　16, 17
関係性　　17, 44
感情の反射 reflection of feeling　　48, 50
感じられた意味 felt meaning　　24, 49
気づき　　4, 31, 93, 95, 96-97, 110, 119, 145

逆転移 counter-transference　　166-168, 171
教示主導的　　4, 132
クライエント主導　　111
クリアリング・ア・スペース clearing a space　　27, 127-132, 133, 134
グループスーパービジョン　　175
警戒心　　67, 69, 71, 74
経験 experience　　22-23
結晶化　　43, 95, 96, 110, 117, 118
現象的場　　23
構成概念　　23, 29
構造拘束的 structure-bound　　160
行動原理　　8, 28, 151
固定的反復的（体験内容が）　　42, 122, 125
孤独感　　38, 53, 118
言葉遊び　　88, 89, 91, 95, 111
コーネル（Cornell, A.W.）　　129
個別性　　16, 17, 18
孤立感　　53, 56, 57, 58, 59, 118, 124

さ行

佐伯　胖　　100
サンドラー（Sandler, J.）　　166
ジェンドリン（Gendlin, E.）　　3, 23-27, 100, 159-162
視覚イメージ　　132
試行カウンセリング　　175
自己概念　　23
自己実現　　13
姿勢　　100-101, 104, 108, 109, 117, 121, 122

自責感　84, 86, 87, 88, 91, 93, 95, 96, 118
自動感　162-163
霜山徳爾　99, 110
社会的相互交渉　169
シャーマン　164, 165
宗教的面接　165
主体意識の拠り所　10, 34, 151
主体感覚　5, 9-10, 34, 151, 154
主体感覚の希薄化　11
主体感覚の損なわれた体験　9, 11, 34, 40, 56, 72, 90, 107, 123-126, 137, 173
主体感覚の賦活化　5, 6, 9, 11, 58, 76, 92, 108, 116, 118, 119, 120, 122, 132-140, 160-161
主体感覚の保持された体験　9, 11, 42, 123-126, 137
主体的自我　165
主動感　162-163
象徴化 symbolization　3
自律性の損なわれた受動的体験　155
自律性を伴った受動的体験　155
自律性を伴った能動的体験　156
事例A　35-37, 43
事例B　37-38
事例C　38-39
事例D　39-40
事例E　51-59, 116, 118, 120, 121, 135, 155
事例F　65-76, 118, 119, 120, 121, 135, 145, 146
事例G　85-93, 110, 111, 117, 118, 119, 120, 122, 145, 146
事例H　102-109, 116, 117, 118, 119, 121, 122, 145
事例研究法　16-18
心気的　38
神経症圏　3, 9, 14, 15, 40, 126
身心一如　157
心身二元論　157
身体イメージ　99

身体性　99, 100
心理的距離が近すぎる体験　133, 134
心理的距離が遠すぎる体験　134
心理的距離の調整の失調　136-137
心理的距離の調整の自律性　138-140
心理療法の目標　12-14, 130-131
末武康弘　24
スーパービジョン　162, 175-176
生活リズム　52, 54, 55, 56
正常圏　14, 15, 173
精神病圏　14
精神分析　13, 166
成巫過程　164
西洋的思考　156-157
説明的　134, 135
セラピストが主導　111
セラピスト（自身）の体験の感覚　95, 120, 151
セラピスト（自身）の体験の主体感覚の希薄化　77, 93-94, 143-144, 161, 174
セラピスト（自身）の体験の主体感覚の賦活化　78, 94, 140, 144, 166, 174
セラピスト（自身）の「直接のレファランス・概念化」の能力　78, 144, 161-162, 174
セラピストフォーカシング法　174-176
相互作用（クライエントとセラピストの）　61-63, 80, 132, 138-140
相互主観性　17

た行
体験（定義）　7, 29-30, 157
体験過程 experiencing　23-27
体験過程スケール（ＥＸＰスケール）　26
体験過程の推進 carrying forward of experiencing　24, 49, 60, 100, 131
体験過程様式 manner of experiencing　8, 26
体験過程療法 Experiential Psychother-

apy 3, 12, 127, 149, 159
体験原理 8, 25, 28, 30, 151, 166
体験的応答 experiential response 3, 48-51, 53, 60-63, 67, 141, 145-146
体験的軌道 49
体験に伴う自律性の感覚 9, 13, 33, 42, 123, 154, 165
体験の感覚的ニュアンス 51, 59, 60, 108
体験の仕方 8, 27, 34, 127
体験の受動性 153
体験の情緒面 30, 83-84, 95-96, 111, 120, 124-125
体験の常同的反復 37, 40, 79-82, 121, 125, 141, 142, 160
体験の自律性 153-156
体験の身体感覚面 30, 99-101, 111, 120, 124-125
体験の前概念的有機体的感覚 4, 50, 101
体験（の）内容 8, 34, 37, 40, 42, 67, 121, 125, 144
体験の認知面 29, 80-81
体験の能動性 153, 154
体験様式 8-9, 34, 40, 168
体験領域 10, 84, 95, 109, 118, 119, 124
体験を構成する3つの側面 11, 81, 131, 144-145
体臭 102
対象化 110, 111
対処できる感覚 9, 10, 42, 108, 110, 117-118, 124
対処不能（感） 9, 33, 39, 72, 117, 124
竹内敏晴 100
達成感 68, 69, 73, 75, 80
近田輝行 128
知識獲得過程 169-171
調査（的）面接法 16
直接のレファランス direct reference 3, 4, 8, 24-26, 53, 60, 67, 72, 86, 94, 96, 155, 159, 160
抵抗 166

適応 22, 149
転移 167
同型的（な体験） 68, 93, 144, 147
洞察原理 8, 25, 27, 30, 151, 166
東洋的思考 156-157
徳田完二 119

な行

内的準拠枠 internal frame of reference 23
内面に自律的に向き合う 117
内面に静穏に向き合う 62, 85, 116, 138
成瀬悟策 8, 27-28, 100, 162
西平 直 44
日常の場の体験 31, 43

は行

ハルパーン（Halpern, S.） 100
被害的 85
東山紘久 13
被動感 162-166
非反省的な直接経験 99, 110
非分割の視点 156-158
肥満 51, 56, 59
比喩 88, 91, 95, 111
憑依副人格 165
ヒンターコプフ（Hinterkopf, E.） 129
不安発作 35
フェルトセンス felt sense 4, 24, 48, 51, 100, 101, 130, 159
フォーカシング Focusing 4, 24, 27, 100, 127-131, 162, 174
福盛英明 129
藤岡喜愛 99
藤原勝紀 16
不適応 23, 149, 150
不登校 35, 36, 37
普遍化 17
普遍性 17
分割の視点 156-158

傍観者的　　28, 134, 135, 136, 137
ボディ・アウェアネス　　157

ま行
間　　27, 100, 128
前田重治　　13
増井武士　　21, 100, 101, 108
全くの情動そのもの sheer emotions　　135
慢性的な緊張感　　80, 118, 142
無気力　　56, 58, 121
村山正治　　162, 174
無力感　　9, 33, 67, 69, 73, 77, 117, 124, 142, 144
明示的 explicit　　3, 24-26, 29, 48, 49, 60, 94
面接の場の体験　　31, 43, 80, 95, 117, 118

や行
柔らかく伸びやかな感覚　　120

友人関係　　39, 55, 58, 59, 60, 66, 80
ユーモア　　88
抑うつ　　85, 86, 92, 124

ら行
来談者中心療法　　13, 48
ラッカー（Racker, H.）　　167, 169
流動的（体験内容が）　　42, 122, 125
臨床的面接法　　16
類型性　　17
レファラント　　24, 60
ロジャーズ（Rogers, C.）　　13, 22-23

わ行
ワッツ（Watts, A.）　　156
笑い　　84, 87, 89, 91, 95, 120
悪口　　85, 88, 91

〈著者略歴〉

吉良安之（KIRA Yasuyuki）
1955年生まれ
1979年　九州大学文学部卒業
1985年　九州大学大学院教育学研究科博士後期課程単位取得退学
1999年　博士（教育心理学）学位取得・九州大学
現　在　九州大学アドミッションセンター教授
　　　　九州大学学生生活・修学相談室常任相談員（臨床心理士）
　　　　九州大学大学院人間環境学府人間共生システム専攻心理臨床学コース担当

（主な著書）
『フォーカシングの理論と実際』（共著）福村出版　1984年
『フォーカシングへの誘い』（分担執筆）サイエンス社　1997年
『学生相談と心理臨床』（分担執筆）金子書房　1998年
『こころの発達援助』（分担執筆）ほんの森出版　1998年
『学生のための心理相談』（分担執筆）培風館　2001年

主体感覚とその賦活化
──体験過程療法からの出発と展開──

2002年11月15日　初版発行

著　者　吉　良　安　之
発行者　福　留　久　大
発行所　（財）九州大学出版会
〒812-0053 福岡市東区箱崎7-1-146
九州大学構内
電話　092-641-0515（直通）
振替　01710-6-3677
印刷／九州電算㈱　製本／篠原製本㈱

© 2002 Printed in Japan　　　ISBN4-87378-756-4

三角形イメージ体験法に関する臨床心理学的研究 ── その創案と展開 ──

藤原勝紀　　　　　　　　　　　　　B 5 判・300 頁・7,500 円

本書は，オリジナルなイメージ技法の開発と展開に関する研究成果の集大成である。はじめ「何の変哲もない三角形」が，この技法を通じて次第に「治療的に意味のある象徴的な三角形」になっていくイメージ体験の過程が多くの臨床的事実から例証されている。

心理学はしがき集

成瀬悟策　　　　　　　　　　　　　四六判・330 頁・2,800 円

著者の研究の立場や考え方を，はっきりと打ち出した特徴ある序文 67 点からなるはしがき集。論文に匹敵する序文や斬新な企画・編集のまえがき，あるいは若手への励ましの推薦文は，これからの新しい心理学研究の方向を示唆している。

動作とこころ　成瀬悟策教授退官記念シンポジウム

翔門会　編　　　　　　　　　　　　A 5 判・666 頁・8,500 円

動作と傷害，動作と心理療法，動作の心理学的基礎の 3 部門にわたるシンポジウムを合わせて一冊とした。若き心理学徒の新しい心理学への大いにアンビシアスな試み。

Imagery and Human Motor Action

成瀬悟策　　　　　　　　　　　　　B 5 判・270 頁・10,000 円

実験心理学から臨床心理学に及ぶ広い研究領域にわたって，人間の行為とその発達メカニズムを追求した著者 30 年余にわたる英文学術論文の集成。「イメージと動作」の実験・臨床論文集。

ヒューマニティー ── 新たな深まりと広がりを求めて ──

村山正治　編　　　　　　　　　　　A 5 判・152 頁・1,500 円

日本人間性心理学会は，1982 年の発足以来，人間性とは何かを理解する真の心理学をめぐって討論を重ねてきた。本書は 1992 年の第 10 回大会の講演，対談，方法論セミナーの記録を編集したものである。

（表示価格は税別）　　　　　　　　　　　　　九州大学出版会刊